MAURA DE ALBANESI
A ESPIRITUALIDADE E VOCÊ

Primeira Edição

Créditos

© 2010 por Maura de Albanesi

Direção de Arte: Luiz A. Gasparetto
Projeto gráfico: Daniel Pecly
Diagramação: Andreza Bernardes
Revisão: Ivânia Paula Leite Barros Almeida e Grace Guimarães Mosquera

1ª edição — 2ª impressão
3.000 exemplares — agosto 2013
Tiragem total: 13.000 exemplares

Dados Internacionais de Catalogação na Publicação (CIP)
(Câmara Brasileira do Livro, SP, Brasil)

Albanesi, Maura de
A espiritualidade e você / Maura de Albanesi.
São Paulo : Centro de Estudos Vida & Consciência Editora.

ISBN 978-85-7722-150-9

1. Deus - Atributos 2. Espiritualidade 3. Essência (Filosofia) 4. Metafísica
5. Misticismo 6. Teosofia I. Título.

10-10943   CDD-111.1

Índice para catálogo sistemático:
1. Essência divina : Metafísica : Filosofia 111.1

Publicação, distribuição, impressão e acabamento
Centro de Estudos Vida & Consciência Editora Ltda.
Todos os direitos reservados

Rua Agostinho Gomes, 2312
Ipiranga — CEP 04206-001
São Paulo — SP — Brasil
Fone/Fax: (11) 3577-3200 / 3577-3201
E-mail: grafica@vidaeconsciencia.com.br
Site: www.vidaeconsciencia.com.br

Este livro adota as regras do novo acordo ortográfico (2009).

Proibida a reprodução total ou parcial desta obra, de qualquer forma ou por qualquer
meio eletrônico, mecânico, inclusive através de processos xerográficos, sem permissão
expressa do editor (Lei nº 5.988, de 14/12/73).

BIOGRAFIA
Maura de Albanesi

Maura de Albanesi, natural de São Paulo, é a idealizadora do método Vitalidade Energética – a união dos aspectos físicos, emocionais e espirituais que compreendem a saúde emocional do homem.

Estudiosa do comportamento humano, é graduada em Educação Física e Psicologia, pós-graduada em Psicoterapia Corporal, Terapia de Vidas Passadas (TVP), Psicoterapia Transpessoal, formação Biográfica Antroposófica, mestranda em Psicologia e Religião pela Pontifícia Universidade Católica de São Paulo – PUC/SP. É fundadora e presidente do Renascimento – Núcleo de Desenvolvimento Humano e Espiritual.

Após vasta experiência clínica, Maura criou o Instituto de Psicologia Avançada, que conta com uma equipe unidisciplinar. Em 2010, inaugurou a Escola Renascimento, com o objetivo de ensinar as pessoas a alcançarem a saúde emocional, iniciando assim a missão de transmitir o seu conhecimento.

A autora, comunicadora da Rádio Mundial (95,7 FM), ministra inúmeras palestras e vivências, unindo, efetivamente, a psicologia e a espiritualidade. Dentro dessa mesma visão, promove cursos profissionalizantes com o objetivo de trazer uma nova abordagem dentro do contexto psicoterápico, respeitando as várias dimensões do ser.

O seu principal objetivo em dirigir este trabalho é abrir portas para que a espiritualidade seja resgatada no coração do homem, despertando a sua força genuína, primordial, e restabelecendo o poder de conexão com o Divino, que é a pura essência do ser humano.

PREFÁCIO

Este livro, *A espiritualidade e você*, retrata muitos dos mistérios da vida humana.

Maura de Albanesi, psicoterapeuta, transita no campo psicológico, terapêutico e espiritual com desenvoltura, pois possui amplo conhecimento, sedimentado na vasta experiência do cuidado com o ser humano.

Em cada capítulo, ela vem decifrando com maestria enigmas que envolvem a vida de cada um, evocando princípios que regem o mental, o emocional e o espiritual, dissertando sobre cada um separadamente para, finalmente, entrelaçá-los em conclusões sensatas, contundentes e reais.

Em suas dissertações, Maura oferece subsídio para que o leitor passe a fugir do medo projetado na tela de sua consciência. Esse medo, quase sempre, leva o homem a fugir de si mesmo, e fugir de si mesmo é fugir da própria vida, a vida que é a expressão da plenitude de Deus.

Inúmeras pessoas gostariam de conhecer Deus. Para conhecê-Lo, é necessário conhecer a principal obra de suas mãos: O HOMEM.

Guiomar de Oliveira Albanesi
Presidente do Centro Espírita Perseverança, São Paulo/SP

SUMÁRIO

INTRODUÇÃO

CAPÍTULO 1 – LEIS ESPIRITUAIS

O que são e como governam nossas vidas................................15
O que é ser espiritualizado?................................17

CAPÍTULO 2 – LIVRE-ARBÍTRIO

O maestro da vida................................21
A força do querer................................23
Ética X moral................................26
Conexão com um Todo Maior................................28
O gosto amargo da ruptura com o Todo................................29
As consequências da ruptura no corpo físico................................31
O exemplo da célula cancerígena................................32
A lição das doenças................................34
Nosso lugar na pirâmide................................35
Nosso querer X o querer do outro................................37
Intenção: a razão por trás do querer................................39

CAPÍTULO 3 – DO EGOÍSMO PARA O ALTRUÍSMO

As etapas do desenvolvimento espiritual................................45
Altruísmo: o olhar para o próximo................................47
A interferência das instituições sociais................................48
Humanidade em trânsito................................50
A jornada do egoísmo para o altruísmo................................51

CAPÍTULO 4 – ENERGIA

O Micro e o Macro................................53
A energia aplicada no dia a dia e a sua repercussão no cosmos................................54
Diga-me com quem andas...56
As teias energéticas no dia a dia................................58
Invasões energéticas................................59

CAPÍTULO 5 – CARMA

A força da repetição 63
O lado do outro 69

CAPÍTULO 6 – OS SETE PECADOS CAPITAIS

Os monstros que moram em nós 73
Preguiça: negligência de vida 75
Ira: a medida errada 78
Inveja: invasão fora da lei 79
Vaidade: visão limitada 80
Gula: desequilíbrio energético 81
Luxúria: prazer pelo prazer 82
Avareza: entre dois mundos 83
Tentações de Cristo no deserto 84
E se tivesse sido diferente? 85
O aprendizado 86

CAPÍTULO 7 – OS MANDAMENTOS

O fundamento das leis universais 89
Os mais importantes 89
Lembra-te do dia de sábado para santificá-lo 90
Honra teu pai e tua mãe 90
Não matarás 91
Não adulterarás e não darás falso testemunho contra o teu próximo 91
Não furtarás e não cobiçarás a mulher do próximo 92
A essência dos ensinamentos 92

CAPÍTULO 8 – TALENTO

O ingrediente que nos faz crescer 95

CAPÍTULO 9 – AS LEIS DO AMOR

A energia poderosa da criação 99
Benefícios das leis 103
O fim do começo 105

INTRODUÇÃO

O que são leis espirituais? Onde estão escritas? Por quem foram ditadas? Como governam nossas vidas? O que têm a ver com ensinamentos de Jesus? São dúvidas existenciais que muitas vezes nos perseguem e nos confundem, e para as quais nem sempre encontramos respostas convincentes. Sabemos que forças invisíveis nos influenciam a todo momento, nas mínimas ações, pensamentos e decisões, mas ainda não entendemos como funcionam.

Pode parecer complicado, mas não é. Basta pensar que, no nosso dia a dia, precisamos lidar com leis de diferentes naturezas. Se o motorista passa no sinal vermelho, terá de pagar uma multa, e isso é uma regra. Da mesma forma, leis espirituais são o conjunto de normas que organizam a vida, não só dos seres humanos, conduzindo-nos a experiências positivas e negativas, dependendo de nossas escolhas.

Você pode até me dizer que pensando dessa forma parece simples, mas, na prática, a realidade é outra. Não é difícil, porém, entender e logo saberá o porquê. Devo admitir que existe muita gente sem saber como conduzir a vida, pensando se uma determinada atitude é correta ou não, o que os vizinhos e parentes vão pensar etc. Muitas vezes, são esses questionamentos que levam as pessoas a procurar respostas em instituições sociais, livros de autoajuda ou gurus; no entanto, nem sempre ficam satisfeitas com o que encontram.

Diante de tantas incertezas, é muito fácil começar a acreditar que forças invisíveis do mal decidem os acontecimentos de nossa vida, em nosso lugar, guiando-nos para as situações como se fôssemos marionetes. Então, nos sentimos vulneráveis a todos os acontecimentos e achamos que não temos nenhuma influência ou poder de escolha. Será que isso é verdade? Se for, qual o controle que temos sobre a realidade? Por que Deus nos deu o livre-arbítrio? Nesse caso, onde reside a sabedoria, a bondade e a justiça divina?

O que muita gente não sabe – ou ainda não percebeu – é que essas respostas estão dentro de nós desde sempre. Já estavam presentes nos Dez Mandamentos de Moisés, nos Pecados Capitais, em todas as mensagens de Jesus, e estão também muito vivas em nosso inconsciente. São essas leis espirituais que governam não só a nossa vida como todo o universo. Elas fazem jus à sabedoria, à bondade e à justiça divina.

Não é mais necessário olhar para elas com desconfiança, nem achar que foram feitas apenas para seres evoluídos, santos ou espíritos de luz. Se ainda parecem muito abstratas, vamos entendê-las e interpretá-las de forma clara, sem distorções, e assim poderemos transportá-las para nosso cotidiano, na direção de nossa felicidade e plenitude, realizando, sobretudo, um bem maior ao equilíbrio do cosmos.

Nas páginas que se seguem, vou esclarecer – partindo de meu ponto de vista – o que são leis espirituais, como funcionam e como interagem com nossas emoções, pensamentos, decisões e comportamentos, lançando um novo olhar sobre alguns conceitos já estabelecidos. E, por fim – e talvez o mais importante –, refletiremos sobre como acessá-las, a começar pela compreensão de como se relacionam com o nosso querer, intenção de vida, talento e missão, alinhando-nos perfeitamente com as forças universais.

Costumo dizer que aprendi o que é respeito com a espiritualidade. Essas leis são a própria essência disso. Posso dizer, com imensa alegria, que o conteúdo deste livro verte sobre esse respeito intrínseco à alma, pleno de reverência e gratidão. Realizaremos uma constante ida e vinda, interligando o micro e o macro, o eu e o nós, nossas limitações e nossas potências mais sublimes, pois carregamos em nós todo o DNA da criação do universo, concretizado na força do puro amor de Deus.

Espero que o conteúdo deste livro possa ajudá-lo a encontrar seu próprio caminho de conexão com o divino, tornando-o uma pessoa ainda mais feliz, plena e próspera.

Um grande abraço,
Maura de Albanesi

Capítulo 1

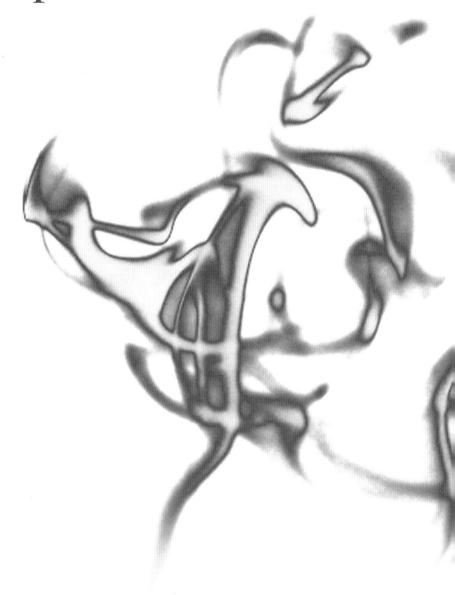

Leis Espirituais
O que são e como governam nossas vidas

Quando Deus disse a Moisés: "Eu sou o Senhor teu Deus, não terás outros deuses além de mim", Ele já indicava a existência de uma força única, uma inteligência suprema e poderosa que rege todo o universo e está presente em todas as leis espirituais que governam a vida e as relações dos seres humanos na Terra.

Muitos conhecem ou já ouviram falar, por exemplo, na importantíssima lei do livre-arbítrio, que dá a liberdade total e irrestrita ao homem para fazer suas próprias escolhas. Ou, ainda, a lei de causa e efeito, para a qual toda ação trará uma reação equivalente, devolvida por meio de ondas de energia. Ambas conduzem nossos atos na Terra.

Muitas pessoas realmente acreditam nessa força maior. Umas preferem chamar de Deus, outras não. Até conseguem explicar uma ou outra lei, como as que foram mencionadas, mas não sabem direito como funcionam na prática. E é exatamente por não terem a compreensão completa que não sabem como lidar com essas leis no dia a dia; sentem medo ou culpa em tudo o que fazem porque desconhecem as consequências mais amplas de seus atos.

Diante disso, surge aquela sensação de que as leis em questão estão nas mãos de forças invisíveis do mal, que as manipulam e agem sobre elas como bem entendem, deixando-as completamente vulneráveis e, consequentemente, desprotegidas.

Por isso, é importante entender o que são essas leis espirituais e como agem, só assim conseguiremos usá-las em nosso benefício.

Vale adiantar que, para seguir e respeitar essas normas universais, é preciso, em primeiro lugar, deixar prevalecer nossas vontades essenciais, relacionadas não apenas ao bem pessoal, mas ao bem humanitário. Essas vontades nos dizem todos os dias quem somos, o que queremos e para onde devemos ir, sem permitir que fatores externos nos tirem de nosso caminho.

Quando fazemos isso, nos conectamos a um Todo Maior, que é a humanidade e toda a Criação, e percebemos assim que Deus está em todo lugar, nas mínimas coisas, inclusive dentro de nós. Ou seja, não nos separamos Dele. É dessa forma que podemos compreender quando Jesus diz: "Eu e o Pai somos um".

Por causa da ruptura com o Todo Universal, temos a sensação de vulnerabilidade. Passamos a pensar que tudo o que acontece conosco está errado. Além daquele conhecido "vazio no peito", que nos faz sentir inferiores ou rejeitados facilmente.

Se alguém esquece de nos convidar para uma festa, por exemplo, começamos a falar mal de tudo e de todos, entramos na defensiva ou passamos a atacar os outros. Espiritualmente, não estávamos excluídos; fomos nós que nos excluímos antes, ou seja, deixamos de nos conectar com a energia da festa em si.

Há milhares de festas acontecendo o tempo todo, com gente que conhecemos ou não, e estamos em todas elas. Há milhares de pessoas morrendo neste exato momento e somos parte disso também. Crianças estão nascendo e populações guerreando. Mas simplesmente não conseguimos sentir isso, por não perceber a consequência direta que um ser humano inicia no outro, dentro da rede de interligações invisíveis, da qual fazemos parte. Ou seja, longe dos olhos, longe do coração.

Nós, seres humanos, precisamos dessa conexão cósmica, que é o princípio da espiritualidade e da aproximação do Deus supremo. Só assim passamos a sentir que somos parte de algo maior, alcançando nossa plenitude pessoal em nome de um propósito divino. Mas como chegar a esse estado?

É necessário um processo individual de autoconhecimento pelo qual ampliamos a percepção de nós mesmos, do mundo à nossa volta e de como nos relacionamos com ele. É preciso olhar para dentro e perguntar: Quem sou? O que quero? Quais são meus talentos? O que o universo espera de mim? O que ofereço ao universo?

Quando, mesmo que aos poucos, vamos encontrando essas respostas e as colocamos em prática, alcançamos o equilíbrio entre nosso pensar, sentir e agir, criando condições para que essa conexão cósmica aconteça.

Uma vez em sintonia com o Todo Universal, a sensação de vulnerabilidade desaparece e não nos desestruturamos internamente. Os sentimentos negativos acontecem, mas não nos dominam. Podemos ficar tristes, por exemplo, mas esse sentimento será bem passageiro e de menor intensidade. Lembrando do exemplo da festa, não nos sentiríamos excluídos, e, sim, respeitaríamos os vários caminhos existentes, tomaríamos outra direção igualmente feliz.

Vou expor ao longo deste livro várias leis espirituais que permeiam a nossa existência. Algumas vezes farei isso de forma explícita e outras deixarei nas entrelinhas, justamente para que sua percepção seja aguçada e seu poder criativo ativado.

Avançaremos aos poucos neste caminho.

Por ora, o mais importante é que compreenda a lei da não separatividade. Estamos interligados a um Todo Maior do qual fazemos parte. Essa compreensão abre as portas de nosso coração para o sentimento de compaixão e solidariedade.

O que é ser espiritualizado?

Muita gente acha que uma pessoa espiritualizada é alguém especial, iluminada e com bastante experiência de vida, como se fosse santo.

O ser espiritualizado é simplesmente alguém que consegue fazer conexão com a unicidade – ligação única que se estabelece entre Deus e a humanidade, independentemente de se estar ou não ligado a uma religião. Sabe que tem dentro de si uma centelha divina, presente em toda forma de vida, e é por meio dela que está conectado a tudo, a todos e a Deus, dentro dessa unicidade cósmica. Ele está no outro, e o outro está Nele. Assim, encontra seu equilíbrio pessoal, conseguindo acessar e entender suas emoções e sentimentos, trazendo benefícios físicos para seu corpo e sua mente.

Você imagina um ser espiritualizado tendo chiliques emocionais? Já pensou no papa irritado, dizendo que não fez a missa porque seu café não foi servido na hora certa ou sua batina estava mal passada?

17

Em nenhum momento de sua trajetória, Jesus teve um desequilíbrio emocional. Ele era sempre coerente com o que falava e fazia. Era paciente, mas não com aquela paciência mórbida de acomodação. Até teve um ato de ira, ao retirar os comerciantes do templo, mas foi por uma causa maior, promovendo algo de bom, usando positivamente a energia de sua emoção. Viu que um espaço sagrado estava sendo profanado, então precisou dessa energia mais austera da ira para promover a ação de impor. Sua atitude estava a serviço de algo maior, diferente daquele pai que bate no filho só para jogar nele toda a carga de seu ego e autoritarismo em vez de transmitir valores e limites.

Ser espiritualizado não significa somente ser brando, pacífico, de comover-se, de sofrer a todo instante com as dores do mundo, fechando-se em práticas meditativas. É saber atuar com seu mundo emocional de uma forma equilibrada e coerente. Para isso, é necessário ter conhecimento sobre si e sobre as leis espirituais, buscando caminhar entre essas duas dimensões e enxergar além do que pode ser visto pelos olhos.

Todos nós conhecemos alguma lei da física, talvez um pouco de matemática, podemos ler um livro de culinária e saber quais são os ingredientes necessários para um determinado prato. Porém, uma pessoa espiritualizada compreende além do que pode ser simplesmente observado ou palpável: lida com o invisível tanto quanto com o visível, com sutileza e de forma estruturada e consegue entender suas emoções de maneira transparente.

Seria interessante se existissem tubos de ensaio com sentimentos, tais como: raiva, tristeza, alegria, amor etc. Se fosse assim, bastaria tomar o elixir de acordo com as necessidades e circunstâncias. Mas as coisas não acontecem assim. Somente buscando essa ligação espiritual, podemos entender o nosso universo emocional.

Assim, quando alguém lhe perguntar: "Quem é Deus?" e "Onde está?", automaticamente responderá que você é Deus, que você e Ele são um único ser ou que Ele está dentro de você – pois tal será seu grau de pertencimento a esse Todo. Do contrário, sentir-se-á excluído e continuará rogando qualquer coisa a Ele de uma distância imensa, pedindo que resolva seus problemas, fazendo sacrifícios e penitências, numa atitude de temor que só o separa ainda mais Dele.

Quanto mais tememos a Deus, mais nos afastamos Dele, porque tudo o que é desconhecido, não visível aos olhos, nos apavora. Como compreender essa energia e trazê-la para dentro de nós se a desconhecemos e tememos? Será que é rezando milhões de vezes? Indo à igreja constantemente? Ou será que é descobrindo o plano de Deus em nossa vida?

O ser espiritualizado, além de compreender o seu mundo emocional, compreende e aceita sem julgamento o mundo emocional do outro. Sabendo que cada pessoa está vivenciando um grau diferente de desenvolvimento espiritual, de nada adianta forçar alguém a pensar, agir e sentir diferente do que é possível no momento. O respeito impera na relação consigo e com o outro, e isso nada mais é que sua alta conexão com o Todo.

Capítulo 2

Livre-arbítrio
O maestro da vida

O livre-arbítrio é uma das mais importantes leis espirituais, o maior tesouro que recebemos de Deus como espíritos encarnados na Terra. É ele que nos dá condição de fazermos nossas próprias escolhas, que, consequentemente, definirão quem somos, o que queremos, o que vamos construir e quais serão nossos passos e experiências, delineando nossa trajetória entre as infinitas possibilidades que o universo nos oferece.

Quando, mesmo que ao longo de toda a vida, conseguimos responder a essas questões, vamos criando nossa própria identidade, fortalecendo nosso amor e respeito próprios e nossa conexão com o Divino. Tamanha liberdade chega a nos apavorar, pois demanda maturidade e responsabilidade.

Ficamos sem saber para onde ir, nem por onde começar. Caímos no erro de colocar decisões importantes de nossa vida nas mãos de outras pessoas: pais, filhos, maridos, chefes ou gurus, eximindo-nos de qualquer obrigação. E reclamamos que nada de bom nos acontece, achando que a vida é injusta ou que Deus não existe ou não nos ama.

O homem está fadado à lei do livre-arbítrio. Mesmo quando escolhe delegar decisões de sua vida, já exerceu seu livre-arbítrio. Caso faça isso de forma consciente, está tudo certo; caso o faça para eximir-se de responsabilidades, estará autoenganando-se e, mais cedo ou mais tarde, tenderá a culpar o outro pelo caminho que sua vida tomou.

Jean Paul Sartre diz que a angústia do ser humano se deve à responsabilidade que a liberdade traz, e ainda exemplifica com um fato: uma macieira está fadada a dar apenas maçãs enquanto os frutos do ser humano dependem de suas escolhas.

Várias parábolas de Jesus revelam o exercício do livre-arbítrio, e a que mais gosto é a *Parábola do Semeador*:

> Eis que o semeador saiu a semear.
>
> E ao semear, uma parte caiu à beira do caminho, as aves vieram e a comeram.
>
> Outra parte caiu no solo rochoso, onde a terra era pouca, e logo nasceu, visto não ser profunda a terra. Saindo porém o sol, a queimou, e porque não tinha raiz, secou.
>
> Outra caiu entre os espinhos e os espinhos cresceram e a sufocaram.
>
> Outra, enfim, caiu na boa terra e deu fruto, a cem, a sessenta e a trinta por um.
>
> Quem tem ouvidos ouça, pois ao que tem se lhe dará e terá em abundância, mas ao que não tem, até o que tem lhe será tirado.

O terreno a que Jesus se refere é a alma humana, e devido ao seu livre-arbítrio, a semeadura não depende do semeador, no caso Deus, mas do próprio homem. A jurisdição divina termina onde inicia a liberdade humana. Portanto, o que o homem fará com a sua liberdade é de sua total responsabilidade: as leis espirituais respeitam o bem ou o mal que o homem escolhe realizar, mas é claro que as consequências são relativas a esses atos. Dessa forma, a lei do livre-arbítrio está intimamente conectada à lei de causa e efeito.

Deus simplesmente jorra as suas bênçãos por toda a criação, sem esperar resultados objetivos. Todos os obstáculos da frutificação referem-se ao ego humano, que usou o livre-arbítrio sem a devida maturidade. A consciência é uma conquista do homem e não uma dádiva de Deus. Assim sendo, é da natureza de Deus expandir as sementes de seu amor, e da do homem desenvolver sua liberdade potencial no caminho de sua evolução.

A meu ver, essas escolhas requerem não só responsabilidade, mas maturidade para saber exatamente o que se quer, pois ao se escolher algo, abre-se mão de outras coisas.

Veja: neste momento, você está deixando de fazer várias coisas para ler este livro, e assim exerceu seu livre-arbítrio. Se você está lendo porque se interessou ou ainda porque alguém o mandou, qualquer que seja o motivo, várias situações podem ocorrer. Pode ser que você não termine a leitura, pode ser que você goste e até agradeça a quem a indicou ou, ainda, pode não gostar e culpar quem fez a indicação, por tê-lo feito perder um tempo precioso – isso é o que normalmente fazemos para amenizar a angústia de ter de assumir nossas próprias escolhas –, mas se o impulso for genuinamente seu, irá, com certeza, responsabilizar-se pelas consequências.

A justiça divina existe sim e se faz presente a todo o momento. Somos nós que, por comodismo ou apego às capas egoicas, não queremos enxergar que essa força energética transformadora (NÃO) está em nossas mãos, (MAS) não nas Dele. Preferimos transferir a culpa, mas esquecemos que somos nós que arcaremos com as consequências de nossos atos (ou da falta deles).

A força do querer

Segundo a tradição, diz-se que Deus criou o universo em sete dias por força do Seu querer e dos Seus propósitos. Quis que houvesse luz, e houve luz. Deu vida ao homem e a todas as coisas da Terra. Ele não tinha dúvida, em nenhum momento hesitou, ficou indeciso, perguntando se faria isso ou aquilo. Pelo contrário, agiu em nome de uma vontade maior, clara, objetiva e bem-definida.

Isso aconteceu porque Deus é a Inteligência Suprema, a energia onipresente e onisciente que tudo pode e realiza. Mas também é verdade que nós temos o poder de transformar, porque somos parte da Criação e fomos feitos à Sua imagem e semelhança. Sabemos que esse Deus está em tudo, inclusive em nós. E não nos damos conta que somos uma só energia e não há nenhum motivo lógico para que estejamos separados dela.

Nem sempre acreditamos na força do nosso querer, que é a maior manifestação de nosso espírito, aquele conjunto de necessidades reais de nossa alma.

Esse conjunto real e urgente de nossa alma não tem relação nenhuma com desejo pessoal e satisfação momentânea atrelados ao ego e ao domínio. A esfera do ego e do domínio não trazem a essência divina do espírito da pessoa, o desejo não tem a força da realização. Está submetido a satisfações meramente pessoais, não transcende as necessidades individualizadas.

Quando faço menção à força do querer, estou me referindo à força dos ideais mais nobres que norteiam a alma humana e que, quando transformada em ação, traz a sensação de plenitude e realização. Quando estamos de posse dessa força, todas as dificuldades que enfrentamos para materializar algo fazem um sentido maior no contexto da vida e, ao invés de nos paralisarmos diante dos problemas, prosseguimos porque o impulso de continuarmos se renova.

Nem sempre valorizamos nossas ambições porque desconfiamos do poder dessa vontade de nossa essência, que não é mesquinha, individualista, pois seus benefícios reverberam para toda a humanidade. É essa vontade que nos move e movimenta nossas energias em direção a algo universal, que vai além do âmbito pessoal e tem, por si só, um propósito divino.

Muita gente não se apropria desse querer, apenas o questiona e desiste dele. Pergunta se é bom, se é ruim, se é certo, se é errado, se é adequado, se vai pegar mal. Essa insegurança é um território perfeito para um abismo, um vale, onde não se sabe onde está nem pra onde vai. Esse é o risco de vivermos uma vida inútil, que não vale a pena. Passamos a achar que conseguiremos alguma coisa, porque alguém nos dará o que precisamos.

É nesse vale que pode ocorrer a supremacia de mais uma lei espiritual. Se eu não sei o que quero e o que estou fazendo, outros teores de energia têm a permissão de se apropriarem de minha vida, guiando-a como entendem ser melhor para a manutenção do equilíbrio do Todo. É como um guarda que coloca atrás das grades uma pessoa bêbada que não estava de posse de si mesma, para que não faça um mal pior a si e aos outros.

Vale a pergunta: O que é pior: a cadeia para o bêbado ou o estrago que a sua conduta poderia causar ao Todo? O que é pior, esse teor de energia que me segura (já que eu não sei o que quero) ou a realização impensada de atos que podem afetar o equilíbrio geral, trazendo consequências que não sou capaz de arcar?

Algumas parábolas de Jesus exemplificam bem essa lei. Quando não usamos o nosso livre-arbítrio adequadamente, somos cerceados em nossa liberdade, pois estamos fazendo mau uso de uma potencialidade divina: a de criar em cima de nossas escolhas e arcar com as consequências, num processo contínuo de cocriação. Infringimos a lei e ficamos ocupando um corpo sem razão; guardiões da Terra impedirão que materializemos ações indevidas à nossa evolução e à da humanidade.

Por outro lado, se esse querer é forte e definido, ele nos dá o leme e a direção de nossas vidas. É fundamental emitir uma só mensagem para o Universo, dizendo exatamente o que você pretende. Só assim criará condições para que ele mobilize os recursos necessários. Quando temos foco, o caminho do sucesso se abre.

Temos a impressão de que liberdade é deixar a vida solta, ir para onde o vento levar. É exatamente o contrário: a liberdade aparece no momento em que fazemos e seguimos nossas escolhas, quando criamos condições para que nossos pensamentos, sentimentos e ações sigam a mesma jornada espiritual. Percebemos que obedecendo ao querer de nossa essência divina, alinhamo-nos às resoluções de Deus.

Nós confundimos liberdade com libertinagem. A liberdade é um exercício constante de disciplina, conhecimento, desenvolvimento, restrições, compaixão etc. Existe uma frase de que gosto muito: "Desejo sem responsabilidade é loucura". Isso significa maturidade espiritual, necessária nesta jornada, e como cocriadores do Universo, somos igualmente responsáveis por ele.

Vamos trazer isso para o dia a dia. Imagine alguém, não importa se homem ou mulher, que tenha uma vontade verdadeira de abrir um pequeno comércio, uma lanchonete, que possua talento para os negócios, que adore lidar com o público e faça lanches como ninguém, que saiba, ainda, que pode gerar empregos e trazer desenvolvimento para a região onde mora. E o mais importante: por seu desejo ser tão forte, não tem nenhuma dúvida de que seu negócio dará certo. E se essa pessoa existir, você acaso tem alguma dúvida de que será bem-sucedido?

Agora, suponhamos que nosso personagem carregue consigo muitas dúvidas e inseguranças. Como tem filhos, acha que precisa de mais estabilidade e que deva trabalhar em uma grande empresa que lhe dê conforto e garantia. Além disso, sofre pressão da família e amigos para que enverede por esse outro rumo, mas que não é seu por princípio.

Pode até ser que, por um período, isso seja realmente necessário. Mas será que essa situação se sustentará por muito tempo? Ele encontrará a plenitude e alcançará a abundância que o Universo lhe reserva? Sim, desde que siga seu coração, creia em seu verdadeiro sentir e reúna todas as forças para colocar seu querer em prática, independentemente do juízo e vontade de outros.

É nesse momento que a mesma lei que falávamos há pouco também estará presente. Teores de energia compatíveis respeitarão a sua vontade essencial e trabalharão juntos com você para que seus objetivos se concretizem. "Seja feita a Tua vontade assim na Terra como no Céu."

Tudo o que se materializa na Terra por meio do seu querer verdadeiro materializa-se no astral, mil vezes potencializado, como extensão da mesma lei espiritual. Após exercer o livre-arbítrio, recaímos diretamente na responsabilidade de nossos atos. Importante ressaltar que nem tudo que se une no Céu se une na Terra, mas tudo que se une na Terra se une no Céu.

Para respeitá-la, procure sempre realizar uma regra de três: O que você quer é bom para você? É bom para o outro a curto ou longo prazo? É bom para o universo?

Quando realizar uma escolha, procure enumerar as consequências e veja qual é o sentimento primordial que brota de sua alma; depois analise se ele está de acordo com a regra de três. Se estiver, siga adiante e abra-se ao fluxo do Universo, permanecendo em harmonia com essas leis.

Ética X moral

As pessoas que não seguem sua consciência porque cedem às exigências impostas pela sociedade têm em seu discurso recorrente o "eu tenho que". Fazem isso por vários motivos (pressão, gentileza, medo de serem mal vistas etc.). É uma dominação que os grupos sociais vão exercendo sobre as nossas vidas, se não estivermos atentos e firmes em nossos propósitos.

Quem é guiado por sua intuição e essência está sempre reafirmando: "eu quero", agindo conforme sua ética própria. Não se deixa influenciar pelas imposições sociais e, por isso, respeita as características e iniciativas de seus semelhantes. A ética é atemporal, amoral e movida pelo respeito e pela compaixão, porque não julga nada, nem ninguém.

O "eu tenho que" da moral é pesado, o "eu quero" da ética é leve. E para sair de um e ir para outro, é preciso abstrair e se perguntar: O que eu vou ganhar com isso? Qual é o sentido maior daquilo que estou fazendo? Necessitamos ter a capacidade de vislumbrar um ganho real e palpável.

Ela já nasce com o espírito, é tão importante que, praticamente, não é ensinada de forma didática: são valores que até trazemos de outras existências e experiências. Enquanto a ética é transmitida por meio de exemplos, como palavras e atitudes dos pais para com seus filhos, a moral é imposta por meio de regras sociais autoritárias que "devem" ser seguidas. É como alguém que tem falso pudor em nome dos "bons costumes". Por exemplo: a moça que *tem que* estudar, ser boa filha, casar e ter filhos. Faz o que mandam, negligencia o que está sentindo, às vezes por medo de magoar ou desautorizar alguém. Cumpre deveres morais escritos numa cartilha social, que rege o que pode ou não fazer, mas nem sempre o que de fato quer.

Enquanto a ética é divina e perfeita, a moral é humana e cheia de contradições. Ela o encaixa em obrigações que outros esperam que você cumpra, sob a égide de uma autoridade, muitas vezes perversa. Na maioria das vezes, a moral infringe a ética.

Vamos aprofundar um pouco. A moral infringe a ética, porque a moral tem como prioridade socializar o indivíduo dentro de uma cultura; já a ética prioriza o respeito absoluto do livre-arbítrio do homem. Conciliar normas que nos auxiliem a viver em sociedade, levando em consideração o respeito ao ser humano, seria o mais próximo do ideal.

Em todas as sociedades, existe um conjunto de normas específicas que exemplificam bem a diferença entre moral e ética. A moral, como já salientamos, é temporal e poderá ser modificada ao longo da existência, conforme a evolução da sociedade.

Existem muitos lugares onde o casamento é determinado pelos pais, que consideram o sistema de dote. Isso ocorre independentemente do sentimento que unirá o casal. Forçar alguém a um casamento arranjado é moralmente aceito por alguns povos e moralmente repudiado por tantos outros.

Como a ética é atemporal, não se modifica ao longo do tempo; pensar nesse costume do casamento arranjado, forçado, sem amor e sem exercer o livre-arbítrio sempre será antiético.

É como se as leis dos homens não respeitassem as de Deus. Para as leis dos homens, é preciso submeter-se a uma série de regras externas, inventadas pelos próprios homens. Para as leis de Deus, basta seguir seu coração. Se vivêssemos de acordo apenas com as leis divinas, dentro de nossa ética pessoal, a dor e o sofrimento teriam outro sentido. Seriam apenas norteadores do que precisamos prestar atenção e transformar em nossa vida, pois quando alicerçamos nossa fé e confiança nas leis de Deus, temos uma visão completa e lúcida das situações pelas quais passamos. Só sofremos porque estamos em desacordo com as leis, então não conseguimos compreender o *porquê* das experiências dolorosas nem dos benefícios gerados por elas. A dor nos aflige e a nossa busca é apenas pelo alívio imediato, não pela compreensão maior daquilo que precisamos aprender para nossa jornada de espíritos encarnados e, posteriormente, desencarnados.

A moral estará sempre a favor de verdades parciais, sob a égide humana; a ética estará sempre a favor do equilíbrio cósmico, sob a égide suprema, e em algum ponto poderá englobar a moral.

Perceber e diferenciar a ética da moral o auxiliará a compreender e a sentir se as suas ações estão coerentes com a ética espiritual em todos os momentos de sua vida.

Conexão com um Todo Maior

Para criar a ligação cósmica, devemos primeiramente usar a energia do "eu quero" e ter convicção de tudo o que fazemos, desde aceitar ir a uma festa, rejeitar uma proposta de trabalho ou responder a um pedido de casamento. É preciso presença de espírito e atenção para saber o que está ou não em nosso caminho. Dessa forma será possível agir com o coração, e não por conveniência social.

Surgirão situações diversas, diante das quais é importante provar a força de nossas resoluções e reafirmá-las o tempo todo. São opções, escolhas que fazemos em cima de um ideal. Se o herói de nossa história ceder a uma proposta de emprego fixo e desistir de abrir seu comércio, é porque seu propósito não era tão forte assim, seu querer era frouxo ou, simplesmente, estava desatento, cedendo assim a questões e pressões externas.

Se começarmos a fazer uma série de coisas que não queremos, sairemos de nosso caminho e deixaremos de realizar a ligação cósmica que nos torna mais fortes, felizes e em constante desenvolvimento, sujeitos a inúmeros teores de energia que classificamos como ruins e que apenas se aderem a nós, conforme o berço que lhes propiciamos.

Se você tem dificuldade em dizer "não", é porque o que almeja não está tão claro assim ou o seu desejo está voltado só para agradar o outro, reforçando o seu ego de "bonzinho". Então é possível que fique, sim, mais suscetível às circunstâncias e opiniões alheias. Estar o tempo todo suscetível a opiniões alheias é outro vale perigoso, propício para cometermos as infrações observadas até aqui.

O oposto também é verdadeiro. Se sua vontade é bem clara e definida, poderá lidar com as situações tendo flexibilidade, porque conhece os vários caminhos que o levam aos seus objetivos e sabe, exatamente, de quais poderá abrir mão ou não.

A flexibilidade é um importante instrumento para lidarmos com a espiritualidade; tudo o que é inflexível, sejam pensamentos ou sentimentos, bloqueia o nosso fluxo energético. Vale citarmos o bambu, que parece frágil e enverga nas tempestades, porém, dificilmente se parte. E por ser tão flexível, é usado para juntar partes de um todo.

Para manter a conexão com Deus, devemos manter-nos alinhados aos nossos ideais, sem perder a flexibilidade, ampliando sempre as possibilidades de visualizarmos algo além.

Estar conectado com Deus é sentir um teor de força que emana do mais profundo de nossa alma e que nos faz gigantes diante de qualquer situação, aparentemente adversa de nosso objetivo, ampliando nossa intuição para as possíveis soluções.

Quando a inspiração divina manifesta-se no homem, significa que ele está inteiramente conectado com Deus. Por isso, agarre-se aos seus ideais, agarre-se à força propulsora do amor em seu espírito, pois uma vez que os ideais não estão a serviço apenas da própria pessoa, mas abrangem, sim, um bem comunitário, automaticamente forças invisíveis do Bem Maior associam-se, alavancando alicerces que sustentarão os propósitos divinos a serem realizados por intermédio do homem.

É dessa forma que a conexão com o Todo Maior se fortalece e a pessoa sente-se trabalhando em parceria total e plena com o Criador, desaparecendo totalmente o "vazio no peito" e a sensação de solidão.

O gosto amargo da ruptura com o Todo

Quando as pessoas ainda têm dúvida sobre o próprio querer, ou esse querer não está claro, ou elas estão em ruptura com o Todo Maior que é Deus, não conseguem se vincular aos outros, não percebem o que acontece à sua volta e, automaticamente, criam separações. É justamente aqui que surge o mal, do jeito como é conhecido e entendido pela maioria, que traz consigo: dor, sofrimento, individualismo, posse, domínio, doenças e guerras.

Se você acha, por exemplo, que não tem nenhuma responsabilidade sobre o aquecimento global, infelizmente enfrentará as consequências da mesma forma. Ao enfrentar as circunstâncias adversas, não poderá dizer que foi vítima das forças invisíveis do mal. É você que está desconectado do todo planetário. Diante de um fato dessa proporção, prefere culpar os políticos, os cientistas etc. Age individualmente, colocando-se até em posição de superioridade.

Todo sofrimento decorre de nossa ação. Como não percebemos isso, culpamos qualquer um que esteja mais perto porque achamos que não temos nenhuma responsabilidade sobre o ocorrido. Não percebemos que estamos numa massa cósmica completamente interligada, e que cada uma de nossas atitudes repercute no todo. E essa dor só passa depois que nos conectamos com o Divino.

O aquecimento global é o melhor exemplo para mostrar que toda ação humana tem uma reação do universo e que tudo está conectado. Não há penalidade de Deus, não adianta a gente achar que "diabinhos" colocaram fogo na Terra ou que o inferno está transbordando. Tudo é consequência de nossos atos, da nossa falta de conhecimento ou de consciência.

Não conseguimos entender como um Deus tão bom e generoso pôde permitir tamanha calamidade. É por isso que passamos a temê-Lo, porque não sabemos exatamente como atua. Porém, a partir do momento que há essa conexão cósmica, não resta nenhuma dúvida em nosso espírito. E o que antes era medo transforma-se em respeito.

Deus delegou poder a seus filhos, inclusive de destruição, se assim nosso livre-arbítrio determinar. Se somos nós que causamos diariamente o aquecimento global, doenças, guerras ou qualquer outro tipo de mal, a responsabilidade é só nossa, assim como as consequências. Se não existisse infração, também não existiria multa, nem forças espirituais tentando nos deter, tampouco forças aproveitando-se desse mal.

Continuamos tentando corrigir os erros com mais erros, simplesmente porque não ouvimos nossa intuição. Usamos o cérebro para criar estratégias, normas mundiais e punições absurdas numa tentativa desenfreada de racionalizar o que não pode ser racionalizado.

A impressão é de que, ao nos separarmos desse todo, vamos aos poucos perdendo nossa percepção de mundo, nossa intuição, o conhecimento de nossa essência e a interdependência com a humanidade. Ou, então, corremos o risco de ficarmos com uma visão maniqueísta e distorcida da vida, passando a classificar tudo como bom ou ruim, certo ou errado, tornando-nos rígidos e inflexíveis.

Essa é a lógica das leis universais. É irrelevante acreditar ou não, pois elas acontecem de qualquer jeito. Assim como a lei da gravidade: ao jogar um objeto ao ar, ele cairá, você querendo ou não.

Por isso, independentemente de sua crença, busque essa conexão, lembrando que tudo o que fizer repercutirá sobre todos nós, que estamos imersos neste cosmos. Os sofrimentos são originados nas atitudes da humanidade. Portanto, mantenha a vigilância, esteja atento.

O mundo está do jeito que está, em virtude das ações do homem ao longo do tempo, e somente o próprio poderá reverter a situação. Deus concedeu-nos o dom do livre-arbítrio e acredito que Ele esteja apenas esperando a solução que daremos a tudo isso.

O bem e o mal existentes em nosso mundo são de total responsabilidade nossa, sendo assim a pergunta cabível é: O que cada um de nós pode fazer?

Deixarei essa pergunta no ar para refletirmos, mas lembrem-se que o pouco pode fazer o muito; um grão de areia não faz nada, mas milhares deles unidos formam imensas praias.

As consequências da ruptura no corpo físico

Todas as doenças, desde as meramente físicas e simples, como uma gripe, até a disfunção psíquica, refletem a ruptura com o Todo.

Costumo dizer que doença é consciência no lugar errado. O corpo não tem condições de resolver questões emocionais, apenas sinaliza os problemas para que a nossa consciência o resolva.

De uma forma bem simplificada, pois não há a intenção neste livro de embrenhar-se pelos caminhos da área médica, pode-se dizer que as doenças surgem de uma série de sentimentos e emoções não trabalhados. Essas energias intensificam-se no campo energético, ocasionando lesões, até atingirem o físico, normalmente afetando áreas com mais propensão genética ao adoecimento – os famosos órgãos de choque. Assim, comete-se uma espécie de suicídio energético, mas sem que se possa dar conta disso.

Como o corpo é o santuário do espírito encarnado, ele tenderá a manter o equilíbrio, disparando os sintomas, que podemos considerar sinais de alerta. Os sintomas funcionam como uma espécie de despertador, para que a consciência seja acionada e inicie um processo de autoavaliação e redirecionamento das atividades, sentimentos e emoções vivenciadas até então.

De modo geral, as disfunções físicas e psíquicas são alicerçadas na falta de compreensão e na distorção da relação do homem com Deus, na não consciência do que compete a um e a outro e na incompreensão do grau de pertinência ao todo. Lembremos da lei espiritual da não separatividade e da ligação do Micro com o Macro. Muitas vezes, apartamo-nos desse todo com um sentimento de onipotência e, por conta do estado atual de nosso mundo, propiciamos um terreno fértil para que a densidade existente no cosmos agrave uma disfunção.

Veja: temos uma emoção incompreendida por nós. Temos a sensação de estarmos apartados de Deus; adoecemos na alma e no corpo e, diante disso, abrimos nichos para que a densidade formada no cosmos, por nossas próprias ações e emoções incompreendidas, amplie a gravidade da doença. Estabelece-se um ciclo vicioso, por isso existem muitas falas de Jesus que anunciam: "A sua fé o salvou". Compreenderemos melhor isso no decorrer do capítulo; por ora, fique com a ideia do que fazemos e do poder da salvação.

Essas disfunções estão presentes em todos os seres humanos. O que apenas as diferencia é o grau com que se manifestam, pois revelam as dificuldades da alma de saber lidar com questões inerentes aos diversos processos evolutivos.

Quanto mais se conhece os teores energéticos de pensamentos, sentimentos e ações, e quanto mais se mantém a noção de que os homens fazem parte de um todo e vivem dentro dessa lei espiritual, as chances de poder ser potencialmente saudável são bem maiores.

O exemplo da célula cancerígena

Vamos pensar na célula do câncer, que nada mais é que uma célula burra, ignorante e egocêntrica, porque ela não quer ser parte do todo, que é o nosso corpo. Se ela sai vitoriosa, mata o organismo, mas morre junto também. Ou seja, não existe vantagem nenhuma em remar contra a maré.

Uma célula sadia sabe exatamente qual é seu lugar e cumpre bem o seu papel porque entende que, mesmo pequenininha, é fundamental para o funcionamento do todo. A célula cancerígena tem uma má compreensão disso. De repente, começa a achar que é mais importante do que as outras células e passa a agir como se fosse o próprio organismo em sua totalidade, desconsiderando a função das outras. Ela tem uma visão totalmente individualizada e apartada do todo. Só se preocupa consigo, que é uma parte ínfima de algo muito maior.

Vamos pensar no âmbito pessoal: se uma pessoa também se desconectar do Todo, perderá a sua percepção de hierarquia, de ordem universal e acabará criando mágoas, ressentimentos e decepções; rebelar-se será uma questão de tempo. E isso acontece porque, assim como a célula do câncer, que olha só para o seu umbigo, também ignoramos ser apenas um elemento que integra o todo cósmico, não percebemos nosso real tamanho e nossa importância na engrenagem geral e acabamos por comprometê-la.

É dessa má compreensão que surgem males como o próprio câncer, assim como a depressão, a bipolaridade, a síndrome do pânico e tantos outros distúrbios do homem moderno.

Às vezes, somente vivendo essas doenças é que conseguimos aprender a nos conectar à fé – inerente ao ser humano. O provérbio: "Há males que vêm para bem" explica bem isso. Costumamos chamar de mal tudo o que nos causa dor, sofrimento e desconforto, mas o infortúnio em si não é mau por natureza; muitas vezes apenas é capaz de devolver-nos ao nosso caminho, para retomarmos o equilíbrio.

Você conhece alguém que passou por uma doença, por algum grande sofrimento, e por isso se tornou uma pessoa muito melhor, mais convicta e fortalecida? Sim? Isso ocorreu porque ela conseguiu ter a visão do Todo, como se tivesse subido ao topo de uma montanha e visto apenas o que realmente importava. Passou a ter o senso de urgência, que todo problema sério de saúde traz, e agora determina com clareza o que é prioridade ou não.

Nem sempre o bom é bom mesmo. Nas situações de conforto e prazer, geralmente entramos numa acomodação de alma que não nos direciona para lugar algum; ficamos preocupados apenas em aproveitar, em usufruir, e quanto mais usufruímos mais apegados e avarentos nos tornamos.

Podemos considerar um bom momento quando percebemos que

estamos no pico ou na entressafra de uma planície. Essa seria a oportunidade de juntarmos forças para a próxima descida, afinal, a vida está em constante movimento, cheia de desafios para serem vivenciados, cada qual com a sua finalidade. Por conta disso, o sobe e desce da vida não é percebido como ruim, somente como algo inerente ao caminho.

Muitas vezes, não nos abastecemos devidamente de bons momentos e nossas pernas ficam fracas para aguentar as tempestades. Se porventura caímos, culpamos Deus, mas esquecemos que Ele sempre esteve lá, no bom ou no ruim, na saúde ou na doença.

No mundo ideal, jamais precisaríamos passar por alguma grave enfermidade, porque a compreensão de que fazemos parte de um único organismo chamado "universo" é intrínseco ao ser humano, isso já nasceu conosco.

Se você conseguir acessá-lo e usá-lo todos os dias – a todo momento e em cada um de seus passos –, fortalecerá seus sonhos, protegendo-os para que nunca sejam abandonados ou adiados, além do que, estará integro e abastecido para enfrentar qualquer adversidade.

Que vivamos sempre no presente, no hoje, conectados e em constante movimento.

A lição das doenças

Nem sempre entendemos e seguimos o que as leis universais nos propõem. Em muitos momentos de nossa vida, não conseguimos nos conectar com a nossa essência divina, comportamo-nos como a célula rebelde que quer agir sozinha, no organismo, sem a interligação com o Todo, desrespeitando a sacralização da unicidade. Ou, quando tudo vai bem e dá certo, não fazemos o movimento de expansão tão importante para o espírito.

Quando os graves problemas de saúde nos atingem, finalmente percebemos a necessidade de uma mudança drástica e urgente em nossa vida. É como um aviso de que já não há mais tempo disponível para negar ou adiar o que já devíamos ter feito.

Mesmo dolorosa, essa experiência é uma chance para encontrarmos nosso caminho e fazermos a conexão com o Todo Universal. É a mensagem daquilo que Deus, o universo e nós mesmos precisamos e queremos fazer. Quando damos conta disso, restabelecemo-nos e percebemos que assim como somos responsáveis pela doença, podemos ser igualmente pela cura.

Mas o segredo da cura é tão simples que nem sempre acreditamos nele. Basta conhecermo-nos, que assim conheceremos Deus e teremos todas as respostas. Essa deveria ser a busca primeira do homem: encontrar-se, para depois poder encontrar Deus.

Falar do lado positivo das doenças não é uma apologia à dor nem ao sofrimento. Muito pelo contrário, é um processo que precisamos entender para termos consciência, para que saibamos como evitá-las. Basta que antes tomemos as rédeas de nossa vida.

Todas essas disfunções visam a promover, no ser humano, um equilíbrio físico, emocional e espiritual. Além de nos impulsionar a fazermos transições indispensáveis ao nosso crescimento, elas nos colocam em outro patamar de consciência, mostrando-nos uma outra visão do mundo, a que não estamos acostumados, e fazendo-nos abandonar tudo o que não nos serve mais, inclusive aquilo que foi necessário para a criação da atual estrutura.

Contudo, muitas vezes, as pessoas acreditam unicamente que estão sendo acometidas por influências externas de ordem espiritual, o que até pode acontecer, mas esses portais são abertos por elas próprias; a perseguição só ocorre porque elas permitiram. Ou seja, perseguição espiritual é sempre a consequência, e não a causa.

Estes canais captam energias similares à sua, amplificando os sintomas de distúrbio. O trabalho espiritual ajuda, mas não resolve. Por meio de um acompanhamento psicológico, é necessário estudar os aspectos físicos, emocionais e energéticos. Somente trabalhando todos estes aspectos, será possível encontrar o perfeito equilíbrio.

Nosso lugar na pirâmide

Assim como todas as células do nosso corpo, também nós precisamos saber qual é o nosso papel, o que devemos fazer, onde estar, a quem obedecer, quem orientar e por quem ser orientado. O cosmos também tem sua hierarquia semelhante a de uma empresa, com: presidente, diretores, gerentes, funcionários – cada um com seu dever.

Se todos fôssemos diretores, essa organização iria à falência. Se os papéis fossem confundidos – o faxineiro tomasse decisões estratégias e o presidente limpasse as mesas –, certamente nada daria certo. Não há preconceito nem demérito algum, é apenas a visão clara de um organismo, em que cada célula tem seu lugar e função específica. A vesícula não vai sentir-se menor só porque o coração é mais popular, afinal, ambos executam um trabalho conjunto.

Respeitar a posição hierárquica dentro de um sistema, sem sentir-se superior ou inferior, é sinal de inteligência, pois isso garante que a engrenagem do universo está funcionando a seu favor e a favor de todos. Estamos todos num mesmo planeta, portanto, temos de respeitar suas regras e sua organização. Você faz parte desse Todo, então deve observar suas leis.

Somos apenas uma gota no oceano, daí ser fundamental termos noção de nosso tamanho. Ainda temos muita dificuldade em não rotular. Classificamos tudo como melhor ou pior, bom ou ruim, bonito ou feio – forjamos um verdadeiro julgamento e nos colocamos nele como juízes da verdade.

Num contexto de psicoterapia familiar, quando peço para as crianças desenharem a sua família, é comum representarem seus pais do mesmo tamanho que elas, colocando-se no mesmo patamar de autoridade, o que revela a falta de percepção hierárquica.

O papel dos pais dentro da família implica atribuições: dar proteção e trazer a força da herança familiar, que é passada de pai para filho. Isso estabelece uma organização hierárquica e desenvolve o sentimento de respeito e pertinência ao grupo, para que, mais tarde, os filhos possam sair desse pequeno núcleo familiar para se integrarem à sociedade.

Os pais de hoje, talvez por falta de tempo, ou por não quererem repetir a forma autoritária como foram criados, confundem autoritarismo com respeito à hierarquia familiar. Diante disso, ocorre uma inversão de papéis e os filhos acabam assumindo o controle. A dificuldade que esses pais possuem para impor limites e normas claras de conduta gera o sentimento de insegurança nos filhos, pois contraria a lei natural da vida.

Até nas relações entre irmãos, apesar de maior igualdade, existe uma hierarquia. Segundo a Antroposofia, a ordem de chegada de um filho ao seio familiar predetermina o seu papel na família. O primeiro filho tem o papel de preservar os costumes e valores da família, como se fosse o chão da casa, e é ele que irá mais tarde tentar preservar a união da família, assumindo para si algumas responsabilidades dos pais. O segundo filho ocupa o papel de protetor desse núcleo, como se fosse as paredes da casa, tendo atitudes mais conciliadoras. O terceiro filho tem o papel de expandir a força desse núcleo, como se fosse o telhado dessa casa, e é o filho que mais se diferencia, tendo atitudes às vezes contrárias aos costumes dessa família. O quarto filho traz as características do primeiro, porém mais acentuadas, e assim sucessivamente.

Em qualquer setor da nossa vida – família, empresa, relação de amizade etc. –, é fundamental entender qual é nosso lugar e papel e aceitá-los. Do contrário, entraremos em desequilíbrio com o cosmos e com a nossa própria essência.

Precisamos descobrir qual é nosso talento, se é ser faxineiro, gerente ou presidente de uma empresa. Como disse, não há nenhum demérito, não há melhor ou pior, todos os cargos são importantes e fazem a engrenagem rodar; por isso, o que importa é: reconhecer qual é o seu papel, qual é o seu lugar dentro da imensa pirâmide da vida e o que você desenvolve melhor sem se forçar. Diante das descobertas, executar a sua função com alegria e satisfação. Assim a humanidade seguirá seu curso evolucionário de maneira fácil e tranquila.

Nosso querer X o querer do outro

Quando nossos propósitos estão bem-definidos, é fundamental manter o foco e agir de acordo com eles; dessa forma, sairemos do plano das ideias para a realidade. Isso requer uma série de obrigações e também muita disciplina e, embora exija esforço pessoal, dá à alma liberdade e plenitude – ao contrário do que muita gente pensa, não aprisiona. Quanto mais estreito o rio é, maior sua profundidade e mais forte o fluxo de sua correnteza.

É muito comum pessoas perderem de vista sua vontade própria em detrimento da de outros, sobretudo quando se trata de alguém da família (marido, esposa, filhos, pais, mãe), ou chefes, amigos etc., isto é, com quem tenha um forte vínculo emocional. Essa é uma armadilha perigosa, porque fica fácil alegar que abrimos mão de nossos sonhos em nome do amor. Bem, isso pode ser considerado amor ou comodismo?

Normalmente, quando a determinação do outro é mais forte e mais focada que a sua, a dele prevalece. Então você fica buscando explicações baseadas em laços afetivos, correndo o risco de desistir de seus projetos, e esquece que retomá-los depois poderá ser difícil e doloroso. Mas, se o seu querer é forte e verdadeiro, ele se impõe naturalmente, sem que você precise brigar ou gritar com alguém. Sua vontade é respeitada e aceita por todos, sem esforço.

Suas decisões devem ser pensadas com bastante cautela, ou correrá o risco de abandonar sua vida, deixando-a à mercê de circunstâncias, ou tentará esconder-se atrás de uma certa preguiça da alma, aquela que não deixa ninguém assumir muita responsabilidade.

Inconscientemente, as pessoas sabem que trabalhar em nome de um propósito ligado à sua essência significa assumir um compromisso maior com o Universo – o que pode parecer um fardo. Então, preferem deixar para lá, desistir ou procrastinar. Mas pense: se esse comportamento permanecer numa vida inteira, o que de bom será deixado aqui na Terra, nessa experiência preciosa e única pela qual estão passando? Do que poderão se orgulhar no final dessa jornada? Daí a importância da força de propósito.

Você provavelmente já ouviu histórias de mulheres casadas que, para cuidarem da família, deixaram para trás algum sonho antigo ou algo que gostavam de fazer quando eram solteiras. Certamente se resignaram, tentando acreditar que era um capricho da juventude, um *hobby* ou um trabalho sem grande valor, e assim assumiram a importante responsabilidade de cuidar da casa, dos filhos e do marido.

Apenas mais tarde, depois de muitos anos, perceberam que não precisavam ter abandonado totalmente suas atividades prediletas ou, ainda, que poderiam tê-las retomado de alguma outra forma, organizando melhor seus horários ou buscando quem as ajudasse.

Há casos em que os maridos são resistentes às mudanças almejadas por suas mulheres, mas sempre é possível entrar em negociação. Tudo depende da força e da clareza do objetivo, que, nessas circunstâncias, é um desafio duplo, pois, quando se quer algo e alguém muito próximo não concorda, é necessário ampliá-lo e afirmá-lo ainda mais, para que prevaleça somente o bem maior, e assim não transformar as relações num palco de brigas e poder.

É necessário, aos poucos, encontrar o ponto de equilíbrio, tendo o diálogo aberto como principal aliado. Esse é um exercício diário de persistência, maturidade e sabedoria, no qual o respeito e a liberdade individual devem predominar. Quando há entendimento, há também um esforço para se encontrar um meio termo, e isso somente acontece se na relação existe amor. Do contrário, trata-se de uma relação de dominação.

Se nossos desejos foram deixados no passado porque alguém colocou obstáculos neles e, de certa forma, foram aceitos por nós, e, com o passar dos anos, demos conta do tempo perdido, é bem provável que apareçam tristezas e cobranças. Então é quando, normalmente, começamos a incriminar os outros pelo que não fizemos, comprometendo assim o relacionamento.

Muitos casamentos acabam nesse contexto. Mas de quem será a culpa? É muito provável que seja sua, que tinha seu querer meio morno, fraco e indefinido, que não mandou a mensagem certa para o Universo, permitindo que o outro se impusesse, e que agora, para aplacar o arrependimento, coloca-se no papel de vítima.

Convivemos bem com os outros – sejam quem for – quando não saímos de nossa rota pessoal. Só assim as duas vontades, que podem até ser divergentes, conviverão em harmonia e, pelo menos em algum ponto, chegarão a convergir, mesmo que no simples fato dessas pessoas se amarem e se respeitarem.

Afinal, não há por que uma vontade impor-se a outra, como se fosse uma guerra. Principalmente numa relação de amor, esse equilíbrio deve ser encontrado para não haver espaço para frustração, domínio e dependência – emocional ou psicológica.

Ninguém precisa abrir mão da rota de sua vida para estar com alguém, nem querer que a pessoa amada viva a sua vida, abandonando a dela como prova de amor. Isso é tudo, menos amor.

Amor é compreender o desejo da alma da pessoa amada, é verificar como é possível contribuir para que ela alcance o seu objetivo. Dessa maneira, o seu querer com o querer do outro se enlaçam no respeito e na liberdade do "com amor viver": conviver!

Intenção: a razão por trás do querer

Você já percebeu que, em algumas discussões, apesar dos envolvidos utilizarem palavras duras, ninguém sai ofendido, enquanto que em outras discussões muitas vezes apenas um olhar pode machucar? Qual é a diferença? A diferença está na intencionalidade. No primeiro caso, no qual ninguém saiu ofendido, provavelmente não houve no coração a intenção de magoar. No segundo existiu a intenção de machucar, mesmo que tenha sido apenas com o olhar. A intenção é muito mais importante do que a atitude em si, porque está ligada ao nosso universo emocional, ao que realmente sentimos.

Um querer forte é claro e objetivo, e ganha ainda mais força quando tem uma razão de ser. Ao descobrir a intenção, seu querer fica perfeito, redondo, mais macio, mas sem esse importante ingrediente torna-se egoísta e teimoso. Suponhamos que a esposa do exemplo anterior gostasse de fazer um trabalho voluntário (esse é seu querer) para retomar sua autoestima e para sentir-se útil, ajudando necessitados (essas são suas intenções).

Pode parecer um detalhe bobo, mas faz toda a diferença. Se alguém perguntar a ela *por que* quer fazer um trabalho voluntário, poderá dar qualquer tipo de resposta racional: porque é bonito, porque ajuda a passar o tempo, porque o orfanato está precisando etc. São explicações de diversos gêneros, mas que não estão necessariamente alicerçadas no que realmente ela está sentindo. "Por que" ativa a razão, mas a razão não traz felicidade.

Para ativar o sentimento que norteia seu coração, a pergunta a ser feita é: "Para quê?" *Para que* quer realizar essa atividade? A resposta será verdadeira, não haverá como escapar. A indagada responderá a si mesma, bem lá do fundo de sua essência, com toda a verdade que o seu universo emocional pode exprimir: "Para elevar minha autoestima, para ajudar quem precisa" (um exemplo de resposta).

Lembre-se:
– O "para que" ativa o coração, dizendo-nos o que fazer.
– O "por que" ativa a razão, dizendo-nos como fazer.
– O coração nos dá a direção, a cabeça nos dá a solução.

É nesse momento que tudo passa a ganhar um sentido, que sua fé se fortalece e que seu projeto ganha um propósito divino, cujos benefícios chegam onde, a princípio, nem se imagina. Se o marido de nossa história opõe-se à sua esposa, mas ela consegue mostrar a razão por trás daquela escolha, a negociação fica muito mais fácil – é como se essa informação ativasse o laço de amor desse companheiro, reafirmando a ligação entre eles.

É importante compreendermos que nossa emoção nos diz *o que* fazer, enquanto a razão diz *como*, ou seja, o que é preciso para que nosso querer se realize. Mas preferimos inverter essa ordem, decidindo nosso caminho com base na razão, elegendo a cabeça como maestro da vida. Achamos que é mais fácil ou conveniente, porque assim não teremos dor nem sofrimento, diferente de quando seguimos o nosso coração. Além de corrermos o risco de nos arrependermos mais tarde, a vida perde a cor e a beleza.

Depois que você responde ao *para que* e age em nome de suas determinações, a força de Deus manifesta-se. Nesse momento, pensa que Ele ouviu suas preces, mas foi você quem fez por merecer e criou condições para que isso acontecesse. É interessante perceber que, uma vez definida sua intenção de vida, você passa a senti-Lo em sua alma. Já não existe mais a distância entre você e esse Deus bondoso e generoso.

Se souber exatamente qual a sua intenção, descobrirá também a intenção de Deus. Não viva por viver, mude velhos hábitos e costumes, não faça como muita gente que apenas nasce, cresce, trabalha e morre. Saia desse ciclo vicioso e verá o que Ele reserva para você.

A força de Deus manifesta-se em sua vida mediante a força do querer de seu espírito, aliada às intenções que brotam das profundezas de seu coração, emitindo notas de amor que repercutem em todas as suas ações.

É interessante como se dá esse processo e tudo começa a fluir. O Universo mobiliza-se para a realização desses propósitos, trazendo recursos e pessoas dispostas a ajudar. Não tem segredo. Quando fazemos o alinhamento de nosso querer e integramos nossos pensamentos, sentimentos e ações numa só direção, temos autorização de Deus e do Universo para que ele aconteça. Então, em nossa "conta astral", são depositadas todas as energias – materiais ou não – das quais necessitamos para que nossos desígnios se realizem.

Afinal, o mundo também precisa dessa realização, ou seja, quando o nosso querer sai do papel, é como se estivéssemos dando um presente à humanidade; por isso, nada mais justo que ela nos ajude. É uma troca divina, portanto, perfeita. Nesse estado, sentimo-nos espiritualizados (e realmente estamos). É quando tudo se amplia: mudamos nosso patamar

41

de consciência e passamos a viver uma experiência de prosperidade, plenitude, felicidade, saúde e paz. Mesmo assim, ainda há gente que acredita que é apenas sorte!

É importante ressaltar que conhecer a intenção por trás do querer é um exercício constante que precisa ser colocado em prática, nas situações mais corriqueiras do dia a dia, porque justamente elas são capazes de nos dispersar, tirando nosso foco e energia mais facilmente do que quando estamos envolvidos em uma mudança ou projeto grande.

Vejamos um exemplo: Quando recebe um convite para uma festa, geralmente se pergunta *para que* ir? Essa questão pode parecer sem sentido, afinal você acha que, se foi chamado, tem de ir e pronto. Mas suponha que todos os dias um amigo o convide para fazer algo e, seguindo sua lógica, aceite sempre. Isso seria uma dispersão de foco e energia, não acha? Ou você é daqueles que vai só para dizer que foi ou porque tem horror a chatear alguém?

Qual é sua intenção? Reencontrar gente que não vê há muito tempo, conhecer novas pessoas e se divertir? Do fundo do coração, quer mesmo prestigiar seu amigo? Se a resposta for positiva, ok, sua intenção está clara. Se quiser só agradar o outro, exercendo um papel meramente social, não há intenção de sentimento, há apenas uma razão, e, portanto, a força de seu querer enfraquece, e provavelmente essa festa será cansativa para você.

Faça o teste: se isso acontecer com você e responder que não por um motivo verdadeiro, conectado a seus interesses (precisa descansar, tem uma prova no dia seguinte etc.), seu amigo não ficará desapontado. Não é mágica nem precisa ser um jogo de roleta russa, é uma questão de energia e está de acordo com as leis universais.

É muito importante encontrar sua intenção em tudo o que fizer, a cada novo acontecimento. Do contrário, correrá o risco de sair de seu caminho e é na falta de intenção que parecemos folhas ao vento. Sem ela, nosso querer fica sem base; ele sozinho não move montanhas, a combinação dos dois é o que faz a nossa fé. Ela sim é capaz de nos fazer enxergar lá na frente, impulsionando-nos a alcançar nossos objetivos.

Há uma parábola bíblica que diz: "[o] reino dos céus é comparado com um grão de mostarda que um homem toma e semeia em seu campo. E esta é a menor de todas as sementes, mas quando cresce, torna-se um arbusto maior que todas as hortaliças, de sorte que os pássaros vêm aninhar-se em seus ramos". O homem realizado é aquele que usa sua capacidade de agir no mundo, integrando seus sentimentos mais nobres. Esses sentimentos apresentam-se nas intenções mais singelas da vontade, despontando uma imensa força capaz de aninhar várias almas. Tudo isso tem origem num simples ato humano voltado ao Bem Maior.

Se você tem uma pequena intenção, ela crescerá, basta um movimento, uma simples atitude. Como a semente, multiplica-se, vai além da ação inicial. No reino de Deus, nada é dividido, tudo é multiplicado – a força Dele e de nossa fé estão nessa abundância.

Quando a força de nosso espírito, de nosso eu, manifesta-se aqui na Terra por meio de nosso querer, é fundamental que estejamos despertos e presentes, observando atentamente todos os momentos de nossa vida, para que não saiamos de nosso caminho. No início parecerá difícil, mas depois, com o tempo, verá que não é.

Capítulo 3

Do Egoísmo para o Altruísmo
As etapas do desenvolvimento espiritual

Quando pensamos numa pessoa egoísta, logo nos vem à mente a imagem de alguém que só pensa em si, que não faz nada por ninguém – e esse tipo de comportamento nada tem de bom, é o avesso do processo espiritual. Porém, também podemos chamar de egoísmo a fase inicial de nosso desenvolvimento espiritual, quando começamos a construir os alicerces que darão estrutura à nossa longa caminhada.

Nesse momento inicial do desenvolvimento, nos fechamos e nos apropriamos de tudo o que é e não é nosso; buscamos saber quem somos, o que queremos e onde pretendemos chegar. Desconectamo-nos do Todo Maior, acreditando que tudo e todos estão a nosso serviço. Trabalhamos apenas para garantir nossas necessidades básicas, e assim não conseguimos atingir o máximo de nossas potencialidades.

Enxergamos somente nós mesmos e ainda não vivemos na plenitude de nosso ser: precisamos das capas do ego para nos proteger. Como ainda não nos conhecemos, as capas só nos servem como um instrumento de proteção, porque ainda estamos na infância de nossa jornada, ainda somos imaturos espiritualmente. Nosso querer ainda está tão vulnerável que qualquer situação que exija mais energia poderá nos tirar do caminho. Nessa fase o ego nos preserva, protegendo nossa essência que ainda está frágil.

O ego ofusca a nossa essência porque ainda não conseguimos diferenciar o eu do outro. Como não acessamos quem realmente somos, temos a ilusão de sermos o que não somos; dessa forma, vamos apropriando-nos de algumas capas egoicas.

Essas capas defendem-nos quando necessário, sobretudo na fase inicial de nosso crescimento, enquanto ainda não estamos conscientes disso, por isso temos permissão para usá-las. Mas, geralmente, utilizamos mal essa energia, quando tentamos provar que somos melhores que os outros. O ego faz-nos acreditar que somos o mar, quando somos só uma onda.

Chega uma hora que precisamos tirar essas capas para que possamos reconhecer nossos reais valores e nos expandir. A dificuldade em nos livrar delas ocorre porque já estamos acostumados e, principalmente, porque elas nos fazem sentir poderosos.

Quando elas caem – e é necessário que isso aconteça –, vem o sofrimento. Temos a sensação de que não somos nada, caímos numa preguiça de alma. Mas nossas atitudes vão mudando aos poucos e, mesmo oscilantes, movimentamo-nos em direção ao nosso ser. É como uma ostra: quando a capa cai, o peixe (ego) morre para deixar nascer a pérola (a essência).

Ninguém consegue ser altruísta, ajudar e ser bom ao próximo sem antes viver adequadamente essa fase de individualização, antes de descobrir o seu eu. É perigoso, porém, permanecer nela para sempre, pois isso significa comprometer a própria evolução.

Pense em alguém que vive na mais absoluta pobreza ou que está muito doente. Ele tem condições de fazer uma doação em dinheiro ou um trabalho voluntário, por exemplo? Isso seria justo e coerente? Nesse momento, é ele quem precisa receber ajuda de uma outra pessoa que esteja um passo à frente, nesse longo caminho de progresso, e só quando estiver nessa mesma posição poderá fazer o mesmo. Além disso, ele ainda precisa das capas do ego para se proteger e se fortalecer.

Se um dia conhecer uma dessas pessoas na vida real e ela for muito egoísta por estar pensando somente nela, respire aliviado porque estará diante de uma futura e maravilhosa altruísta. Todos que cumprem com firmeza de propósito essa jornada, sobretudo a fase inicial, saberão como ninguém como retribuir ao Universo.

As crianças também têm a sua fase egoísta, porém muito importante do ponto de vista do desenvolvimento humano. Elas estão experimentando tudo para saber o que precisam e o que podem dar. Nessa fase, quando negam um brinquedo ao amiguinho, são execradas pelos pais, por ignorância deles. Esperam que, desde pequenas, sejam maduras, evoluídas e altruístas, o que é um massacre para um ser que está no começo de seu desenvolvimento.

Assim como os pequenos têm seu crescimento natural, nós temos o nosso espiritual. Não é porque somos adultos que estamos completos. É por isso mesmo que todas as fases de desenvolvimento do ser humano devem ser respeitadas.

Altruísmo: o olhar para o próximo

Como é que, no despertar, reconhecemos a hora certa de progredir, de dar um passo adiante? Saímos da fase do egoísmo – em que o *eu* é o mais importante – e entramos na do altruísmo, que considera também o bem coletivo. Nesse período, nossos potenciais já estão bem mais desenvolvidos e podemos começar a compartilhar o que temos ou sabemos.

Deixamos de pensar individualmente para trabalhar pela humanidade, fazendo um movimento de abertura e expansão. É quando passamos a ajudar as pessoas e, de forma definitiva, realizamos essa conexão e integração com o Todo Universal. Começamos a sentir gratidão pelo que recebemos, e queremos retribuir de forma legítima, sem achar que é um sacrifício.

Existem pessoas que sentem prazer em cozinhar e comer, e que já conheceram muitos sabores, temperos e comidas exóticas. Depois que se acostumaram com essas delícias, que já tiveram a oportunidade de experimentar, vão à cozinha preparar esses pratos aos seus amigos e familiares para que também possam sentir o mesmo prazer. Essas pessoas estão prontas para doar, sentem necessidade de que outros sejam igualmente beneficiados. Esse é caminho de Deus e das leis divinas.

Mas essa ação em favor do outro nunca pode ser uma máscara de bondade para alimentar o próprio ego. Se seu marido está depressivo, com baixa autoestima, insatisfeito com o trabalho ou com problemas financeiros, por exemplo, ajude-o não só para ter de volta aquele homem feliz junto a você, mas também para que novamente se sinta bem com ele mesmo, privilegiando sua tranquilidade e saúde. Para ajudar alguém também é importante ter intenção clara, e os resultados devem estar a serviço de um bem maior.

A interferência das instituições sociais

O autoconhecimento é fundamental para identificarmos em que passo estamos nesta jornada. Avaliando-nos individualmente descobrimos o que podemos doar, fazer ou não fazer, quais os nossos limites, quais atitudes e o momento certo de tomá-las.

Porém, algumas instituições nos pedem para seguirmos condutas, dividirmos o que temos e renunciarmos quando ainda não estamos preparados para isso. Para alguns, essa demanda chega numa etapa inadequada de seu desenvolvimento e, se não conseguem retribuir, passam a sentir-se culpados. Essa é a razão pela qual nem sempre devemos fazer o que nos mandam, sobretudo quando ainda estamos na fase egoísta; do contrário sairemos prejudicados em nosso crescimento.

Digo que sairemos prejudicados em nosso crescimento, pois nessa fase ainda não conseguimos nos doar; no entanto, existe uma cobrança externa que pode gerar insegurança, sensação de inadequação e culpa.

Algumas instituições pregam que, se não seguirmos uma lista de regras, tornar-nos-emos pecadores, que Deus castigará, que uma maldição cairá sobre nossas cabeças, ou, ainda, que não alcançaremos o reino dos céus – não é à toa que temos tanto medo de Deus! Assim, ficamos mais enfraquecidos e, nesse ponto exato, elas exercem sua dominação.

Em uma parábola de São Marcos (12: 41), Jesus observava como as pessoas colocavam dinheiro em um ofertório de esmolas. Com orgulho e vaidade, os ricos depositavam grandes quantias. Uma pobre viúva, em sua humildade, chegou e lançou apenas duas moedas. Então, Ele chamou seus discípulos para que vissem que aquela mulher havia doado mais que todos.

Essa passagem nos ensina que ninguém é melhor do que ninguém só porque uma pessoa não tenha condições de ofertar uma quantia igual ou maior. Porém, a melhor interpretação recai sobre o respeito de Jesus ao estágio evolutivo daquela mulher, ao considerar o valor do ato em si, não a quantia depositada.

Assim, devemos entender que se não podemos doar mais do que temos, não é por isso que somos piores do que os outros diante de Deus. Ele é pura bondade, generosidade e amor, e Sua justiça nos enxerga individualmente. Considera nossas atitudes, segundo nosso estágio evolutivo, dentro de nossas limitações. Não há uma única regra para todos.

Deus espera que zelemos por nós, que estejamos presentes e inteiros antes de tudo.

É importante estarmos atentos ou sempre seremos manipulados por familiares, padres, pastores, gurus e pais de santo se os seguirmos cegamente, sem verificar se o que dizem faz sentido em nosso coração. Muitas vezes, ficamos esperando Deus atender nossas preces, esperando que Ele retribua nossa bondade com graças e louvores, sempre aguardando que a ajuda venha de uma fonte externa e nunca de dentro de nós. Ficamos aguardando um reconhecimento de nossos favores. Dessa forma não nos ajudamos e nem conseguimos chegar à fase do altruísmo – momento correto de compartilhar.

Ao optarmos por viver esperando que o externo resolva nossos problemas, estamos fadados a criar vínculos doentios de dependência com as pessoas e com as instituições – amigos, famílias, governos, religião etc. Vira um toma-lá-dá-cá, uma relação de cobrança e dominação, e a crença dominante será sempre esta: se você doou (mesmo sem poder), também terá de receber. E isso poderá fazê-lo submergir em desapontamentos.

Se você deu dinheiro a uma instituição e pensa que Deus deve reservar um lugar no céu para quando lá chegar, se você acredita que se sacrificou tanto por seus filhos, mas percebe que eles não fazem o mesmo, ou pelo menos tanto quanto você gostaria, significa que está vivendo uma eterna e cansativa troca, e nessa novela você sempre se colocará no papel de vítima. Eu pergunto: por que viver assim? Por que viver na base da barganha quando podemos usufruir de relações centradas no respeito mútuo das infinitas possibilidades humanas?

Para saber em que estágio evolutivo você se encontra em relação ao altruísmo, verifique se, ao fazer algo para alguém, fica esperando alguma retribuição. Veja se acredita que, ao realizar o bem, está protegido automaticamente do mal. Lembre-se: aquele que é genuinamente bom fará naturalmente o bem; porém, aquele que ainda não é bom também poderá fazer o bem, mas esse bem virá certamente acompanhado de cobranças.

Caso se reconheça agindo assim, saiba que está na fase do egoísmo. Receba todos os convites das instituições e das pessoas como um convite para começar a praticar o altruísmo, levando em consideração as suas reais possibilidades no momento e procurando não criar expectativas de retorno do bem que faz, nem se culpar do bem que ainda não pôde realizar.

Aceite esse estágio como um processo normal e natural de todo ser humano, e, assim, como a viúva da parábola, doe humildemente o que pode, seja qual for a etapa em que se encontre, e inicie a prática do altruísmo dentro de seu coração.

Humanidade em trânsito

Infelizmente, no mundo em que vivemos hoje, há muita gente que se nega a fazer esse movimento de expansão quando já chega o momento. É justamente daí que vem o egoísta, o mesquinho – já nosso conhecido –, aquele que só pensa nele e não enxerga mais nada.

Repete-se a história daquelas pessoas que se acostumaram tanto a obter ajuda que acabam não saindo do lugar, mas ainda sentem-se orgulhosas, porque têm a atenção voltada para elas. Ou daquelas que receberam uma oportunidade de estudar, formaram-se na faculdade, começaram suas carreiras, enriqueceram, evoluíram, mas mudaram de personalidade também, tornando-se vaidosos e arrogantes. Gastam seu tempo e dinheiro em benefício próprio, negligenciando o dever de retribuir de alguma forma.

O sujeito começa a sentir-se todo poderoso e não compartilha nada com ninguém; esquece que aquela energia inicial foi um instrumento dado a ele apenas para que pudesse começar a andar, conhecer-se e lançar-se; perde seus valores e referências e vai se apegando às coisas materiais, numa atitude egocêntrica. Mas o que esse tipo de individualista não sabe é que o Universo pode fazer o mesmo, cobrando mais tarde a sua parte.

Quem age assim não percebe que o mundo também está em abertura, expansão e mudança – do egoísmo ao altruísmo –, num movimento cósmico de união. A internet é um bom exemplo disso. Tudo está à disposição de todos: por que individualizar quando não é mais necessário? A globalização colocou-nos em contato com tudo, mas nem todos estão prontos para desapegar-se das velhas fórmulas e fazer essa conexão maior.

A humanidade precisou viver o seu egoísmo, e esse momento foi muito necessário. Ainda que, como vimos, o conceito tenha sido, ao longo do tempo, distorcido, explorado e usado como ferramenta de dominação pelas instituições sociais. Isso talvez foi preciso para as pessoas perceberem que esse não era o caminho.

Hoje ninguém mais quer nenhum tipo de repressão, mas também não estamos preparados para o movimento de libertação, e é por isso que ficamos doentes física, mental e espiritualmente. Enquanto estivermos pensando apenas em nós, não conseguiremos a tão almejada conexão cósmica. Enquanto não buscarmos nosso autoconhecimento, entendendo quem é Deus, ainda estaremos vulneráveis a várias formas de dominação.

A jornada do egoísmo para o altruísmo

Entender a transição do egoísmo para o altruísmo permite-nos conhecer melhor os propósitos de Deus na vida dos seres humanos. É fundamental compreendê-los, porque também nós, individualmente, temos uma grande responsabilidade nesse processo.

Para fazer a nossa parte, basta que tenhamos presença de espírito e intencionalidade em cada período de nosso desenvolvimento espiritual. E que, na fase do egoísmo, busquemos suprir as nossas necessidades e, em paralelo, possamos responder quem somos, o que queremos e onde pretendemos chegar, dando assim uma direção às nossas vidas e fazendo com que cada minuto de nossa experiência aqui, neste planeta, tenha valido a pena.

Ao chegar a fase do altruísmo, já de posse de suas potencialidades, comece a compartilhar o que achar conveniente. Não estamos falando apenas de recursos materiais, mas também de tempo, energia, conhecimento, talento etc. É a forma de retribuição que o Universo espera, por inicialmente ter-lhe emprestado ferramentas que criaram a estrutura de quem você é hoje.

Não fique mais no egoísmo quando já é hora de dar mais um passo. Se não fizer isso, estará remando contra o seu desenvolvimento espiritual. E, quando chegar ao altruísmo, faça de fato essa expansão, mas sem que essa retribuição seja uma forma de satisfazer seu orgulho, sua vaidade, de se sentir superior. Faça-a de todo o coração.

E lembre-se: sempre é preciso estar atento às interferências externas ao nosso querer. Por mais que as pessoas e as instituições sejam importantes, elas não têm o direito de dominar nossa mente e decidir nossa trajetória. A busca deve estar única e exclusivamente em conexão com Deus, com a humanidade e com todo o universo.

Capítulo 4

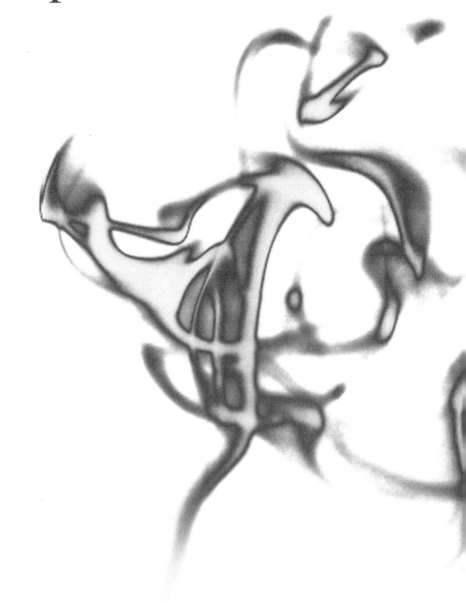

Energia
O Micro e o Macro

Até aqui pincelamos vários conceitos sobre a compreensão do que é energia. Na verdade tudo é energia, e tenho certeza de que isso não é novidade.

A própria matéria que vemos não é propriamente matéria, é apenas uma energia mais densa. Chamamos de matéria apenas porque ela se apresenta com essa densidade, mas é uma energia.

Se olharmos para o universo como um todo, veremos vários espaços com teor de energias diferentes. Imagine quantas frequências diferentes existem no cosmos por inteiro. Possivelmente deva existir um planeta, por exemplo, com um teor de energia tão diferente do nosso que seria impossível vivermos nele, da mesma forma que seria impossível alguém de lá viver aqui por conta apenas da qualidade do teor vibracional de cada um. Essa diversidade energética é que forma o cosmos.

Quando digo que estamos todos mergulhados em uma sopa cósmica energética, faça uma rápida visualização divertida: imagine uma sopa de legumes e você sendo apenas um dos legumes (pode ser uma batatinha, por exemplo). A visão mais ampla é da sopa em que cada legume tem a sua propriedade, a sua vitamina, mas existe uma substância, que é o líquido dessa sopa, que permeia tudo. Essa substância que permeia todos os tipos de energia é que chamamos de Deus. Esse líquido é a inteligência aquecida unindo todos os teores de energia que possuem semelhanças e diferenças, conforme suas potencialidades, por estarem todos imersos nele.

Portanto, Deus interliga toda sua criação dentro do mesmo éter energético. Quando lembramos a criação do mundo, referimo-nos a uma explosão calórica de energia, em que várias partículas foram dispersas, formando o que conhecemos por universo em perfeito equilíbrio. É justamente aí que digo que somos partículas desse calor cósmico, desse manancial de energia divina que se dispersou.

O que difere a energia da Terra da de outros lugares no cosmos é, justamente, a densidade energética que ela possui, tanto que alguns teores de energia mais rarefeitos podem encontrar dificuldade de adentrar a crosta terrestre, por ser essa massa energética mais densa.

Mas por que ela é densa? Não devemos confundir densidade com algo ruim. Ela é densa porque a energia tem a propriedade de tornar-se matéria, tal qual a conhecemos adquirindo forma, tanto que em algumas esferas, onde a energia não é tão densa, não existe forma. Quem dá forma somos nós, no planeta Terra, e se formos saindo daqui, perderemos a nossa forma.

Por que trazer esse conceito de energia agora? Estamos o tempo todo enfatizando nossa responsabilidade como cocriadores do universo, e que essa criação deveria respeitar as principais leis colocadas aqui até o momento. Afirmamos que o que pensamos e sentimos, devido à energia existente na Terra, é facilmente materializado em nossas ações e será ampliado pela espiritualidade.

Diante de tudo o que aqui foi apresentado, é conveniente refletir: Como lidamos com nossa energia? Será que, ao endurecermos nossa alma no dia a dia, estamos comprometendo o equilíbrio desse éter divino que tudo une?

A energia aplicada no dia a dia e a sua repercussão no cosmos

Todos nós temos capacidade de sentir, receber, perder ou desperdiçar energia. Falamos sobre ela, mas não conseguimos vê-la nem tocá-la. É algo invisível aos olhos, mas podemos enxergá-la com a nossa intuição e com o nosso coração por meio das emoções. E o que nos torna espiritualizados é também essa sensibilidade que temos para identificar e lidar com essas forças que parecem intangíveis.

Na prática, o invisível sempre vem na frente do visível. Todos nós somos um corpo de energia: quando pensamos ou sentimos algo, podemos movimentá-lo em direção aos nossos objetivos, sendo facilmente captado pelo outro. É por isso que, às vezes, sabemos quando o telefone vai tocar, quem está ligando ou chegando à porta de nossa casa, o que pode ser curioso e até engraçado. Mas, em linhas gerais, isso acontece porque há um campo energético movimentando-se, e quando estamos sintonizados nosso corpo energético identifica essas ondas vibracionais.

Para aventurar-se no invisível e visível, no tangível e intangível, é necessário, primeiramente, conhecer bem seu próprio mundo interior: Quem é você? Como se percebe? Quais são seus pensamentos, sentimentos e reações corpóreas? Só depois, poderá partir para a percepção do mundo externo, pois, quanto mais conheço minhas próprias reações, mais posso ampliar a percepção do campo energético com o qual me relaciono. Isto é, saber exatamente que tipo de energia você movimenta propicia a percepção do campo energético do outro, sem que ocorram misturas e invasões. É um importante estágio de desenvolvimento pessoal, para depois alçar voos na percepção espiritual.

Nesse segundo estágio, podemos perceber o que o outro sente sem que nos diga nada. Quando alguém chega perto de nós, sabemos se passou por algo bom ou ruim, se está feliz, se brigou ou se tem alguma dor. Reconhecemos quem é muito verdadeiro ou gosta de mentir, quem quer nos conquistar ou nos manipular, mesmo que em seu semblante exista outra expressão.

O perigo ainda continua sendo a tendência de nos colocarmos no lugar de nossos interlocutores. Essa relação de troca acontece dentro de um campo magnético criado entre os dois, em que as energias das emoções emanam de um corpo para outro e podem até se misturar. Muitas vezes não conseguimos saber onde se originou. Projetamos nossos sentimentos no outro e, diante disso, afirmo que somente com o trabalho de autoconhecimento seremos capazes de dizer o que é nosso ou não.

Quando sentimos o que acontece no universo emocional do outro, devemos fazê-lo sem julgamentos. Ainda é difícil encontrar alguém que tenha essa capacidade; achamos que são características de um santo. Lembremos de Jesus perdoando Judas e compreendendo Maria Madalena, que, nesses momentos, foram considerados pecadores. Como Ele conseguiu ter essa atitude diante daquelas vidas, aceitando e acolhendo-os sem julgar nem apedrejar?

Esse é o ápice da espiritualidade, onde nós, seres humanos, também podemos chegar. Quando o amor ao próximo excede o ato em si praticado por alguém, é sinal de que não há espaço para críticas, porque existe a capacidade de enxergá-lo e entendê-lo na totalidade, assim como fazia Jesus.

Nessa trajetória, ainda existe uma terceira gama, que é o contato com Deus, o próprio Supremo. É quando nos conectamos com tudo o que tem energia, vida e vibração, sabendo que está (em) e é movimento, e faz parte da Criação. Em nosso coração e ações, tornamos o que chamamos de invisível em visível.

Esta é a ação correta: alinhar o nosso pensar com o nosso sentir, promovendo uma ação assertiva, que materializará um bem maior a nós, ao outro e à humanidade e será ampliado pela espiritualidade, em favor do equilíbrio cósmico.

Diga-me com quem andas...

Toda energia é movimentada pela ação do homem ou de grupos – como famílias e grupos religiosos. Como num rio, quando muitos pensam e agem da mesma forma, a energia flui na mesma direção. Esse deslocamento energético flui no mundo inteiro, unindo as energias de mesmo teor vibracional, que se movem e se atraem mutuamente.

No convívio com os demais, nas trocas e relações, vamos criando vínculos, que são construídos, primeiramente, com nossas singularidades, comportamentos, afinidades, gostos, ideais, objetivos e crenças. Quando nosso corpo e alma vibram numa determinada frequência, seja de amor, de raiva ou de tristeza, aproximamo-nos de quem está na mesma sintonia.

Jesus já dizia que "na casa de meu pai há várias moradas", que são estes grupos cósmicos formados a partir da conexão humana. Uma teia enérgica é um agrupamento de vários seres que vibram num mesmo teor de energia e que estão unidos pela mesma qualidade de essência. Existem espaços e locais próprios que comportam vários teores energéticos, forças que pulsam no mundo e no coração de cada um.

Se você é revoltado, encontrará indivíduos com esta mesma característica. Criarão, juntos, uma única massa de rebeldia que pode se multiplicar, e não sentirá nenhum estranhamento nisso, já que está ao lado de seus iguais. O mesmo vale para sentimentos de amor e de solidariedade, por exemplo.

Quando surge alguém com uma energia diferente da sua, fica difícil encontrar afinidade, e isso independe de você gostar ou não da pessoa; pode até admirá-la, mas não será alguém de que goste de estar junto por muito tempo.

Você já esteve interessado em alguém e quis descobrir quem eram seus amigos, com quem convivia, o que costumava fazer ou em que trabalhava? Seu objetivo intuitivo era conhecer o tipo de energia com que essa pessoa estava conectada, porque era o que, na verdade, importava. Isso nos remete ao ensinamento do ditado: "Diga-me com quem andas e dir-te-ei quem és".

Estabelecemos essas ligações começando por nossa essência, independentemente de termos consciência dela ou não. É com base nesse princípio que formamos essas teias eletromagnéticas, esse alinhamento que atrai semelhantes, captados do cosmos.

Quando nos modificamos, em função de nosso processo evolutivo, e promovemos uma mudança genuína de nossa essência, passamos a vibrar numa nova frequência. Ao modificar o nosso campo vibracional, automaticamente atraímos teias eletromagnéticas diferentes.

Toda e qualquer teia merece nosso respeito, porque são expressões das energias que as almas humanas irradiam, formando o campo astral de nosso mundo.

Essas movimentações vão traçando nosso caminho de transformação e não significam, necessariamente, um rompimento. Somos nós que mudamos, não as teias, que sempre farão parte de nossa história. Elas podem até, em determinado momento, deixar de existir por conta da evolução do ser humano e, consequentemente, do universo, como se o teor de energia não fizesse mais parte de nenhum ser vivo, portanto não houvesse força energética emitida no astral. Isso é difícil de acontecer e acredito que levaria bilhões de anos, uma vez que a evolução do ser humano é absolutamente lenta.

A passagem de uma teia para outra é antecedida de sofrimento, porque toda mudança requer uma transformação interior genuína, não só de hábitos, mas também da maneira de ver e sentir a vida. É um desapegar-se de algo, vislumbrando algo ainda maior. É a dor pela morte de uma parte do ego, que passa primeiro pela desilusão, para depois desfrutar de uma verdade mais límpida e leve. É um processo de auto-conhecimento, que pode ser doloroso, mas, no final, é extremamente reconfortante, pois traz uma imensa alegria e satisfação de perceber-se num caminho que conduz a ligações energéticas de teores mais refinados.

As teias energéticas no dia a dia

Como vimos, nossas conexões pessoais são estruturas que vamos criando por meio das próprias atitudes, sentimentos e relações estabe-lecidas conosco e com os outros. São energias que se espalham, sobre as quais temos total responsabilidade, podendo ser difícil sairmos delas ou rompê-las depois.

De repente, vemo-nos envoltos em determinados núcleos energé-ticos, e tudo em nossa vida sempre acontece do mesmo jeito, por mais que tentemos fazer diferente. No trabalho, somos demitidos na hora H, não conseguimos prosperar, os relacionamentos nunca vão para a frente. Ficamos na mesmice, e por quê?

Porque somos parte de uma grande teia que está nos bloqueando e, para sair dela, é necessário que voltemos para nós e percebamos qual foi a força primordial que nos colocou ali. Se não há uma transformação genuína em nós, ficamos dentro dessa mesma teia até absorvermos o aprendizado, que fará com que nossa alma se liberte de determinados padrões de comportamento, para adquirirmos novas qualidades, inclu-sive a compreensão dos vínculos que formamos ao longo do tempo, ampliando assim nossa ligação espiritual.

Então é interessante perguntar-se: A que grupo de pessoas, mentes e sentimentos eu pertenço? O que há em comum entre os integrantes? Qual é a linha condutora? Quais são as afinidades? Com qual teor de energia as pessoas desse grupo são abastecidas diariamente? Além des-sas questões, veja também se a morada da qual faz parte está gerando fluxo de prosperidade, em todos os sentidos: financeiro, de saúde, de relacionamentos e de outros setores de sua vida.

Pense em sua família, por exemplo, em seus ancestrais, em quem veio antes de você. Quem são seus avós, seus pais, quais as relações entre eles ou deles com você? Essas questões iniciais são capazes de levá-lo a descobertas que podem ajudá-lo muito.

Investigue como sente a sua ligação com outras teias, até com outras famílias. Veja em que pontos se conectam e se influenciam. Perceba quem colabora e quem ganha. Você entenderá que, nesses grupos, nada sai de graça – pessoas ganham e doam o tempo todo. Com essa investigação, chegará a conclusões sobre quem você é.

Invasões energéticas

A energia humana não é apenas trocada, doada ou recebida; ela também pode ser roubada. Qualquer um pode tirá-la de nós se não estivermos atentos. É como um ladrão que entra em nossa casa, leva tudo e só nos damos conta disso depois que ele foi embora. Energeticamente, isso só acontece quando estamos despreparados e deixamos a porta aberta.

Quando projetamos nossa energia em direção ao outro, é como se esticássemos nossas mãos para adentrá-las no campo energético do outro, que nem sempre quer ou consente. É uma falta de respeito aos seus. É uma invasão que gera uma confusão mental e espiritual. Porém, se o outro consente, já deixa de ser uma invasão.

Numa passagem de Lucas (8: 43-48), uma mulher que sofre de hemorragia chega por detrás de Jesus, toca seu manto e imediatamente é curada. Jesus pergunta: "Quem é que me tocou?". Pedro responde: "Mestre, as multidões te apertam". E Ele retruca: "Alguém me tocou, percebi que de mim saiu poder". Vendo a mulher, declarou-lhe perante todo o povo, a causa por que o havia tocado e como fora curada: "Filha, a tua fé te salvou".

Ele tinha tanta noção de seu próprio campo de energia, que percebeu quando a mulher entrou nele, desejando tirar algo para sua cura. Ao notar, Jesus não deixou de fazer a sua doação: promoveu a cura.

Quando invadimos a energia do outro, tiramos algo que é dele. Num estágio mais sofisticado, quem ataca não quer só invadir, mas também dominar, tomar conta e cravar uma estaca naquele campo energético. A posse é a última fase da dominação, é uma relação de simbiose: se um domina, o outro é engolido.

Quem domina e quem é dominado têm, cada qual, a sua responsabilidade; é uma questão de escolha.

Porém, não dá para falar que o submisso é uma vítima, porque energeticamente ele próprio anulou-se e consentiu essa invasão, o que não é negativo e contrário às leis divinas. Se a pessoa deixa claro o limite, a invasão não ocorre.

Mas, para o próprio invadido, essa demarcação energética nem sempre fica clara. Muitas vezes, foi pego porque não estava devidamente protegido – é como se sua casa não tivesse tranca. É difícil identificar esse território porque esse campo de energia é muito sutil, mas devemos aprender a reconhecê-lo.

Nunca é demais repetir. Para aprender a defender-se de uma invasão energética, é fundamental construir um conhecimento sobre si e buscar sua identidade, a ponto de saber manusear seu campo energético, lidando bem com as instâncias psíquicas, emocionais e espirituais. Percebendo-se melhor, saberá até onde permitir que o outro chegue, porque conseguirá identificar o que altera ou não seu humor, tranquilidade e paz de espírito. Passará a saber quando é necessário ou não reagir, quando doar ou não sua energia.

Quando as trocas energéticas são realizadas conscientemente, não há perda de energia, nem danos para quem doa e para quem recebe, e o universo todo é beneficiado. Pois essas trocas estão a serviço de algo maior, com o intuito de ajudar e contribuir para o equilíbrio energético do outro. Esse é o princípio dos passes espíritas.

Em todas as curas que Jesus realizou, ele sempre se certificou do que exatamente o outro queria, repetindo a vontade e a fé do necessitado.

Em uma de suas passagens (Marcos, 10: 46), havia um cego que gritava por ajuda, e mesmo assim Jesus lhe perguntou: "O que queres que eu faça? E o cego respondeu: Mestre, que eu torne a ver. E Jesus lhe disse: Vá, a sua fé o salvou. E imediatamente tornou a ver".

Para que as trocas energéticas produzam um efeito positivo, é necessário o consentimento de ambas as partes, caso contrário, isso será uma invasão, ainda que a intenção seja de ajudar. Apesar de parecer óbvio que o cego queria ajuda para voltar a ver, Jesus não deu um de sabichão: "Sei o que o outro quer e precisa", o que seria prepotência.

Ao perguntar, ele ativa a força da fé e do querer, abrindo um campo de amor e confiança, indispensáveis para que a verdadeira cura se realize. Quantas vezes, em nome do amor e da vontade de ajudar alguém, nos precipitamos de forma arrogante, como se fôssemos detentores do saber, acreditando que sabemos o que é melhor para o outro, e, sem o menor respeito, o invadimos?

Para evitar invadir ou sermos invadidos, é de suma importância que levemos a sério a liberdade e o querer do outro, respeitando e aceitando as escolhas e o momento de cada um.

Capítulo 5

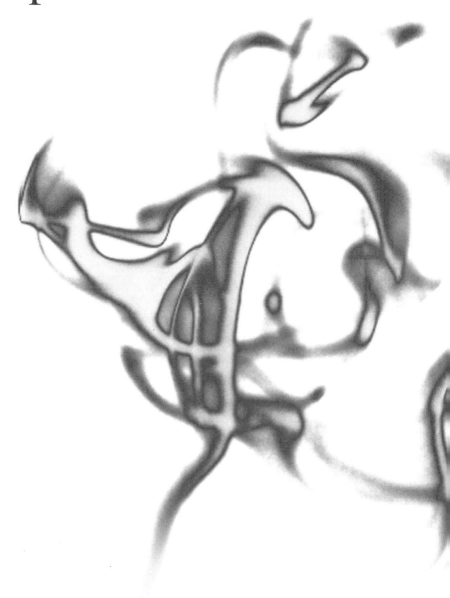

Carma
A força da repetição

A roda cármica forma-se de maneira penosa e simples. Sair dela, porém, continua sendo penoso e nada simples.

Quando estamos no mundo espiritual desencarnados, possuímos uma visão clara e ampla do que é realmente importante ser feito na Terra. Empolgamo-nos, acreditando que podemos fazer muito ao encarnarmos e, por mais que amigos espirituais nos alertem das dificuldades, muitas vezes o nosso sentimento de onipotência prevalece.

É mais ou menos semelhante à empolgação de fim de ano, quando lançamos vários propósitos do que queremos concretizar. Normalmente nessa época, sentimo-nos fortes, determinados e felizes só em planejar. Conforme o ano passa, distanciamo-nos de nossas metas, perdemos o foco e nos distraímos com outras atividades. Sempre achamos que dará tempo. Quando o ano termina e nos damos conta de que não efetuamos metade do que queríamos, o sentimento de culpa aliado a uma grande frustração nos acomete, abaixando nossa autoestima.

Entra ano, sai ano e é a mesma coisa. Algumas pessoas até já desistiram de buscar novas metas, levam a vida como dá, talvez na tentativa de burlar a frustração.

Vejamos o funcionamento dos planos que fazemos para quando encarnarmos.

Primeiro, de acordo com nossas intenções e talentos – qualidades já adquiridas em nossa bagagem espiritual –, os guardiões da Terra verificam em sua lista de propósitos se o planeta está necessitando do teor de energia que podemos instaurar ao encarnarmos. Caso o teor de nossa energia seja compatível com o que a Terra e o cosmos necessitam para manter o equilíbrio, ela é aceita e, nesse instante, nos comprometemos a colocar nossas qualidades em ação.

Quando encarnados, se não colocamos essas qualidades em ação, automaticamente criamos um carma, um débito em relação ao planeta, e não conseguimos sair dessa roda até devolvermos à Terra aquilo que nos propusemos oferecer.

Muitas vezes, o propósito atual de retornar à Terra é, justamente, de acertar uma dívida com o planeta.

Ganhamos a oportunidade de fazê-lo, mas, infelizmente, o que é comum acontecer é que novamente nos distraímos e, quando percebemos, nosso tempo tão precioso de encarnação acabou. Nossa responsabilidade aumentou e, consequentemente, a roda cármica também.

Até agora estou referindo-me somente ao seu compromisso com o planeta Terra. Amplie isso para o seu comprometimento com a humanidade – para todas as pessoas que, porventura, foram lesadas no passado com suas atitudes e que ainda poderão estar presas nessa roda cármica.

Além disso, é necessário acrescentar que, para ser aceito pelos guardiões, também é levado em consideração os seus objetivos pessoais, aqueles que dizem respeito somente a sua elevação espiritual.

Possivelmente esses propósitos têm relação direta com as consequências de suas atitudes, em seu espírito, e com a necessidade de quitá-las no processo de lapidação da alma. Caso desista desse trabalho de alma, estará intrinsecamente fortalecendo novamente a roda cármica de sua vida. Parece assustador, não?

No carma pessoal, temos a chance de aproveitar toda a força existente que vigora no mundo, no ato de nosso nascimento e durante toda a nossa permanência, para a realização de algo que diz respeito somente a nós, individualmente. Desperdiçar isso é como jogar no lixo a tão preciosa oportunidade que a Terra, dentro de seu patamar vibracional, nos traz para repararmos erros e evoluirmos.

O nosso propósito cármico interliga os carmas pessoal, humanitário e planetário.

A dádiva divina atua justamente nesse ponto. Encarnado, você poderá, mais rápido do que desencarnado, promover o conserto nas três instâncias e nas suas interligações. A forma de realizá-lo diz respeito ao seu livre-arbítrio: você escolhe a maneira de fazê-lo, porém a obrigatoriedade de realizá-lo está impresso em seu carma.

O que pode tornar-se difícil e penoso é o fato de que quando aqui chegamos, devido aos vários motivos que explicitaremos no capítulo *Os Sete Pecados Capitais*, não realizamos o que nos propusemos e nos cristalizamos nesse ciclo "reencarnacional" por muito tempo.

Vamos tentar compreender como podemos atenuar nossos ciclos de encarnações repetitivas. Você tem um padrão de pensamento ou comportamento que, mesmo querendo muito, não consegue mudar? Atrai sempre um perfil específico de pessoas e situações em sua vida? Se a resposta for positiva, você acabou de identificar os seus carmas, que são teores de energia que se formam na alma por força da repetição dos atos ao longo do tempo, ficando arraigados em você e levando-o a experiências muito parecidas entre si.

Por exemplo, existem aqueles que têm grande dificuldade de se relacionar. Muitas vezes são egoístas, querem tudo só para si, não compartilham nada com ninguém, então acabam criando casamentos, relacionamentos e sociedades conflitantes. Ainda ficam falando que fulano e sicrano são seus carmas, mas o real carma é a dificuldade de se relacionarem, desenvolvida pelos próprios. Quando acumulados por longos períodos, esses comportamentos resultam em tendências psicológicas que impedem de alcançar a plenitude.

Outro exemplo: Alguém que tenha a vaidade como carma, e por isso necessite sempre se sentir superior, coloca-se numa posição superior, atraindo indivíduos muito inferiores a ele. Sendo assim, nunca encontra com quem trocar e ninguém o compreende. Sente-se o dono do pedaço, mas lá no fundo da alma percebe-se muito só. Na verdade, seu carma, sua dificuldade, é a sua vaidade e não as pessoas que o cercam.

Então essa pessoa poderá perguntar: "Por que não consigo atrair gente com o mesmo nível intelectual que o meu?" A resposta é simples: Porque continua com o mesmo comportamento. Antes, precisa descer do pedestal e igualar-se aos outros – o que é duro para os vaidosos. Porém, continua ligando-se a quem acredita que não pode acompanhá-lo. Muda de mulher, de empresa – numa eterna busca –, mas como preserva as mesmas atitudes, continua sentindo-se só.

A maioria de nós possui um grande desejo de desfazer-se dos carmas, para superar as dificuldades enraizadas no espírito. Para isso, o passo imediato é transformá-los em darmas, que são conquistas da alma, que nos fazem adquirir novas qualidades. Quando conseguimos vencer um carma, chegamos a um novo darma, e isso significa que houve um ganho, por exemplo: deixamos de ser vaidosos e adquirimos a qualidade de alma para que reconheçamos o outro e nós mesmos, sem julgamentos. Esse é o darma conquistado e, nesse caso específico, traz felicidade, plenitude e leveza.

A transformação genuína de um carma requer mudança de nosso estado de ser, para que o espírito adquira novos atributos. São pontos positivos que alcançamos, abrindo espaço para novas teias e experiências. As crises que vivemos, no meio do caminho, são apenas instrumentos para que possamos superar dificuldades e fazer essa transição.

Porém, para atingir o estado de plenitude, é fundamental tomar consciência desse ciclo vicioso e voltar à condição primordial de nosso ser, de nossa individualidade, afastando-nos das massas de energias cármicas das quais fizemos parte. Assim, não só devemos reconhecer realmente o que queremos, gostamos e priorizamos, como também é necessário assumir nossa intenção de vida e talentos.

Esse regresso à essência pede para que tenhamos o desejo de quebrar todas as crenças, paradigmas, conceitos e preconceitos que seguiram conosco até então, e é bem provável que, muitos deles, estejam relacionados com nossas relações e com os núcleos de que fazemos parte.

Abandonar velhos hábitos pode parecer um pouco difícil no começo, porque requer que nos isolemos e busquemos o sentir mais genuíno, nossa visão de mundo e uma postura diante da vida, para então tentarmos romper o carma, buscando pessoas e grupos diferentes dos que estamos acostumados; enfim, gente que vive de outra maneira. Seguindo esse movimento, abriremos espaço para que outros pensamentos e energias comecem a nos envolver.

Somente a mudança de atitude muda um carma.

Quando decidimos viajar, morar em outro país e conhecer outras culturas, por exemplo, é uma tentativa nossa de quebra de paradigmas para se conseguir ver as coisas de outra maneira. Em muitos casos, fazer uma mudança radical pode até auxiliar a quebra um paradigma, porém, grandes mudanças, como troca de país, não determinam modificações no carma; o que de fato poderá alterá-lo é a atitude. Do contrário, o carma continuará exatamente o mesmo.

No processo "reencarnatório", podemos mudar de país, de família, de época, mas nem por isso o carma se altera; são apenas meios que podem facilitar um *insight* para que percebamos em que realmente precisamos mudar.

Ao mesmo tempo que é uma resolução interna ("Conheço minha dificuldade, não quero me acomodar, vou começar a mudar."), é externa também (ação correta: "O que posso fazer, de forma objetiva e prática, para mudar diante de meu trabalho de alma?"). Essa postura conduz a algo novo e desconhecido.

Corremos o risco de conhecer pessoas e passar por situações parecidas quando estamos em busca da transformação de nosso carma em darma. Mas é uma tentativa legítima, que nos auxilia a identificar nossa missão. De qualquer forma, o carma vai perdendo força à medida que realizamos esse caminho de autotransformação.

Através desse trabalho interno e externo, nossa alma faz um movimento de expansão, mudando nossa forma de nos relacionar (conosco e com o outro), e, quando isso efetivamente acontece, altera também a nossa sintonia com os diferentes teores de energia. É difícil vencer a massa magnética que sempre nos conduziu, mas não é impossível.

Para ser espiritualizado, você deve entender seus carmas, uma vez que já conhece as teias energéticas e já sabe de qual faz parte. Se ainda não conseguiu mapeá-los, busque compreender o sentido de suas conexões, razão pela qual se ligou a determinadas pessoas, sobretudo familiares e amigos. Em seguida, tente responder se condizem ou não com quem você é e por quê. Depois, tente mapear quais são suas afinidades.

Faça isso sem criticar ninguém, mas reconheça o que delas existe em você. Ninguém está numa família, tem amigos ou escolhe um companheiro por acaso. A princípio e por princípio todas as relações são cármicas, porque por meio delas nossas dificuldades podem ser lapidadas. Reflita sobre as motivações que estão por trás de suas escolhas e encontrará um milhão de respostas reveladoras sobre si. Pode, por exemplo, chegar à conclusão de que estabeleceu para si objetivos ou viveu situações que não tinham nada a ver com a sua personalidade, ou foi levado por uma onda energética que não era sua, mas mais forte do que você, gerando, assim, o carma do não reconhecimento, porém, agora é o momento de reconhecer-se.

Quando somos levados por essa onda e não sabemos quem somos, nossas relações acabam sendo cármicas também, revelando dificuldades de nossa alma.

Vejamos o caso de algumas mulheres que, mesmo sem amar o marido, ficam casadas até o final da vida, porque acreditam que, assim, não precisarão voltar com ele em outra encarnação.

O carma fica projetado em seu relacionamento e é jogado também nas costas do companheiro. Não adianta aguardar outra existência, essa energia voltará de qualquer jeito. É muito mais inteligente identificar a dificuldade da relação agora e procurar transformá-la. Tentar mudar sua vida só por mudar, antes de chegar a essas descobertas pessoais, será como trocar seis por meia dúzia.

A esposa que, depois de anos sob o controle do marido, consegue identificar seu carma, passa a reconhecer sua individualidade, talentos e qualidades, antes abafados por ele e por ela própria. No momento em que sai dessa energia, encontra flexibilidade, começando na própria mudança. Ou seja, não é mais submissa ao domínio dele e daquele casamento de simbiose, em que ele pensava por ela e ela se alimentava dele.

Essa relação de dominação é pouco sadia espiritualmente, porque infringe claramente mais uma lei espiritual, pois nenhuma pessoa tem o direito de atrapalhar o desenvolvimento de ninguém; se ambos se atrelam e param, ambos sofrerão as consequências terrenas e espirituais. Cada um, ao assumir seu potencial, passa a dar valor à sua essência, que antes não conhecia, em razão das constantes invasões energéticas entre ambos.

Reafirmo que as relações de dominação e submissão podem até ser permitidas pelo livre-arbítrio, pois, muitas vezes, essas pessoas já perderam completamente a noção de que podem reagir. Porém, em hipótese alguma, são permitidas pelas leis do amor.

Agora observe como são os seus relacionamentos: qual é o padrão que se repete independentemente das pessoas envolvidas? Como reage diante de determinadas situações? Que tipos de sentimento e pensamento você tem? Se ajudar, faça uma lista. Isso poderá revelar qual é o padrão repetitivo de suas ações, ou seja, o carma de sua alma.

De posse desse conhecimento, planeje estratégias para aprender novas formas de agir diante das mesmas situações; isso o colocará no caminho da transformação de seu carma, direcionando a força de sua energia vital para a resolução de um problema que é só seu e de mais ninguém.

Faça isso com muita autotolerância e amor, sabendo que todos nós estamos nesta vivência terrena para evoluir e que todas as pessoas que nos cercam são instrumentos de Deus que possibilitarão realizar essa transformação.

Com essa compreensão, você também conseguirá sentir amor e gratidão por todas as pessoas, especialmente por aquelas que lhe causaram sofrimento. No processo evolutivo tudo é aproveitado: as qualidades e as não qualidades das pessoas.

Reverta a mão que o feriu em uma mão que abre as portas de seu coração, que mostra quem realmente você é, em sua essência mais pura, possibilitando assim a cura de sua alma.

É pelo conhecimento que ampliamos a percepção de quem somos, do mundo e de nossa ligação com Deus.

O lado do outro

Quando queremos promover uma transformação cármica, nossa primeira reação é tentar mudar as pessoas. Não nos damos conta de que isso é impossível. Somente depois do processo de individualização e constante autoconhecimento, é que percebemos ser necessário mudarmos, pois o outro mudará apenas no que e quando quiser.

Quando queremos que o outro mude, é porque ainda não estamos conscientes do que podemos e devemos mudar em nós (e isso independe do outro).

Se estivermos dispostos a reverter o carma e alterar nosso campo energético, é muito importante entender e respeitar a decisão do outro, que prefere permanecer como está, buscando compreender que vivemos momentos diferentes de alma, por mais difíceis que essas circunstâncias sejam ou aparentem ser.

Se chegar à conclusão de que a melhor alternativa é retirar-se, faça isso. Não queira que os outros saiam do caminho que escolheram só para atender a seus anseios, até porque você mesmo pode já ter seguido na mesma direção. Se um dia a pessoa em questão quiser alterar a rota de sua vida, pode ser que isso ainda não será o melhor para você. Lembre-se que o conceito de certo e errado é relativo, pessoal e está ligado ao momento de cada um.

Não pense apenas no seu bem-estar, aja com ética espiritual com quem ama. Não queira mudar o sistema, mude-se. Não tente dar uma nova ordem à teia energética, ela já está formada e é poderosa. Se não lhe interessa mais, vá saindo aos poucos, mantendo por ela respeito e gratidão. Lembre-se de que foi por meio dela que você chegou onde está. Não a condene, não a julgue, porque senão as portas energéticas fechar-se-ão para você. Então, apenas vá, desvinculando-se dela.

Por exemplo, reconheça a importância e os ganhos que você teve em uma determinada empresa onde trabalhou durante anos. Se perceber que precisa de novas experiências, apenas busque outros caminhos, sem denegrir a anterior. Nem faça rebeliões com os colegas de trabalho para que eles também saiam. Quando procurar uma nova colocação, seus contratantes pesquisarão como era seu desempenho e como se deu seu desligamento.

Também não critique seus pais, seus amigos. Respeite a maneira como vivem e vá tentando viver de uma nova forma, se acredita ser esse o melhor caminho. Contudo, não se envaideça nem se vanglorie por isso. Saiba que você apenas está saindo de uma teia e entrando em outra, que também tem o seu lado bom e o ruim, pois ninguém ainda não atingiu a perfeição total.

Depois que já tiver vivido algum tempo nessa nova teia, promova outra transformação, dê mais um importante impulso em seu crescimento. Se fez jus e foi coerente com o grupo do qual está saindo, será bem recebido no novo. Pois esse sabe e está seguro de que você está deixando o outro respeitosamente e, portanto, merece acolhimento.

Espiritualmente, os caminhos se abrem de acordo com o fluxo de energia que nos antecede. Nossas ações vão abrindo uma estrada, demonstrando as qualidades de nossa alma, em face dos obstáculos que criamos – frutos das escolhas que fizemos –, e da maneira como os solucionamos.

Assim sendo, construímos nosso próprio caminho espiritual, e depende exclusivamente de nós alterar qualquer rota. O poder está em nossas mãos.

Se, neste exato momento, você está em uma encruzilhada e não sabe qual caminho seguir, imagine um X e você bem no centro dele. Agora sinta o fluxo de energia que parte de cada ponta desse X. Quais são as opções apresentadas? Traga à memória o seu carma. Reflita sobre ele, sobre as estratégias que você formulou para transformá-lo. Sinta em seu coração qual o caminho mais coerente, que faz mais sentido, dentro daquilo que deseja alcançar. Confie e vá, sem olhar para trás. Caminhe com fé na prosperidade, lembrando que apenas uma alma em busca de transformação é capaz de atrair novas possibilidades, as quais facilitarão a concretização de objetivos pertinentes a sua evolução.

Capítulo 6

Os Sete Pecados Capitais
Os monstros que moram em nós

No coração do homem, estão duas pérolas preciosas: a da matéria e a do celestial. Quando ele está fora da matéria, consegue perceber e sentir a pérola celestial com mais facilidade. Quando está na Terra, ocorre o contrário: torna-se mais forte a percepção da pérola da matéria, e por ela se encanta, passando a acreditar que essa é a única realidade, ficando à mercê de todas as tentações que a cisão provoca.

Digo cisão, pois, quando está desencarnado, também se encanta com os fenômenos dessa realidade e se ilude, acreditando que poderá trazer à Terra a pura realidade espiritual como ela se apresenta.

Há um equívoco nas duas situações, pois ambas infringem a lei da unicidade: o espiritual contém a matéria e a matéria contém o espiritual. Ao unir os dois, tecendo-se fios de ouro feitos do amor que partem do coração do homem, teremos a fusão em uma única pérola, que trará a essência do Divino e a união do Céu e da Terra.

Há pessoas que acreditam que para vivenciar o espiritual necessitam apartar-se das questões terrenas, tornando-se eremitas, então isolam-se para a busca da iluminação.

Jesus vivia entre os homens, frequentava festas. Seu primeiro milagre foi transformar água em vinho em um casamento, mas, em nenhum momento, desprezou a vida material. Conseguia contar histórias, cuja temática provinha da simplicidade do cotidiano, e delas extraía valor espiritual. Como na parábola em que Ele compara o reino de Deus ao fermento: uma mulher coloca o fermento em três medidas de farinha até tudo ficar levedado, sendo possível interpretar que o fermento é o espiritual, o Divino no homem, enquanto as três medidas referem-se ao ego humano, que se prende ao material, ao mental e ao emocional.

A transformação do ego pelo eu, da pérola da matéria em pérola celestial, exige a interpenetração do Eu Divino no Eu Humano e o tecer dos fios de ouro de amor. Esse processo possibilita a total transmutação, a começar pela força do invisível que vem de dentro para fora, para o visível.

Como no exemplo da parábola, o fermento e a farinha misturam-se, formando um novo elemento: "o pão". Este é o nosso grande desafio: trazer um único elemento, transformado pelo coração do homem, o Divino banhado de amor, resplandecendo em cada ação terrena.

Detalharei cada pecado capital na intenção de fornecer a você a possibilidade de reconhecer "os monstros" que assombram a alma, tumultuando o caminho do homem.

Lidar com essas sombras é ter a possibilidade de tecer uma nova trama de amor e compaixão em nossas vidas, promovendo a unicidade com o Criador.

Os sete pecados capitais correspondem aos motivos que nos levam a infringir as leis, a como surgem as consequências e ao que enxergamos como castigo. Na realidade, não existe punição gratuita, tudo é reação à ação. Infringir uma lei espiritual é como deixar a porta aberta para que energias mais densas se aproximem, e isso só acontece quando criamos condições, nesta ou em outras vidas, porque a nossa história não começou nesta encarnação.

Quando passamos por uma situação muito ruim, por exemplo, ficamos mal não só pelo fato em si, mas também porque, inconscientemente, sabemos que fomos nós que a atraímos e que temos uma responsabilidade sobre isso.

A forma mais fácil que o ser humano encontra para defender-se de qualquer infortúnio é colocando-se no papel de vítima, buscando certa dignidade pessoal. Ao contrário, deveria ter conhecimento das leis, procurando identificar a norma espiritual que foi desobedecida, e isso requer autoconhecimento.

Nem sempre o sofrimento que atraímos ativa nossa percepção; podemos apenas perecer, sem nada resolver. Quando a pessoa busca uma ajuda externa, seus horizontes podem se abrir e, livre de julgamentos e preconceitos, é possível questionar o verdadeiro e real motivo de seu infortúnio.

Sofrimento sem mudança infelizmente só contribui para a estagnação da alma. As lágrimas que caem em nossa face têm o poder de afofar o solo sagrado de nosso coração. Mas, se nesse momento extremamente dolorido não realizarmos a drenagem do solo com o recurso da humildade, reconhecendo o significado divino de cada situação, poderemos endurecer ou alagar de vez essa terra e, em vez de trazer os frutos da renovação, faremos apodrecer a semente sagrada, transformando-a em revoltas e desilusões.

Enquanto ainda não temos a capacidade e consciência para tal, os pecados capitais continuam existindo e imperando sobre nossas fraquezas, atuando de mãos dadas. Os preguiçosos, em geral, são invejosos, cobiçam o que não é seu para não terem nenhum trabalho; não querem se esforçar para conseguir o que almejam. Os invejosos também podem ser gulosos, querem tudo para si, mais do que necessitam.

Permanecemos em pecado porque queremos dominar e sentir um poder que não existe. Esse pretenso domínio nos tira da unicidade e, então, violamos as leis, simplesmente porque nos parece o caminho mais fácil.

Minamos o talento de um, fazemos o outro sentir-se menor, tentamos nos engrandecer. Mas essas atitudes não servem para nada, apenas dão a falsa sensação de superioridade. De forma geral, pecado é usar a vida para não se fazer nada de produtivo em relação ao desenvolvimento da alma, mas infelizmente essa é a fase pela qual a humanidade ainda está passando.

Quando começamos a respeitar as leis, tudo fica mais claro, a nossa percepção se amplia e vamos tomando consciência do fluxo de energia cósmica. Mas como tudo é processo, antes precisamos estar atentos ao que esses pecados querem nos dizer e entender como as forças universais atuam em nossas vidas sempre que infringimos uma lei.

Preguiça: negligência de vida

Como pecado capital, a preguiça não é só aquela indisposição física que nos torna apáticos ou morosos. Ela também se dá quando não levamos adiante alguma resolução, mesmo tendo toda a liberdade nas mãos. A lei do livre-arbítrio permite que não se faça nada, mas para isso existirá uma consequência.

Nascemos ou desenvolvemos novos talentos exatamente para que sejam colocados em prática, porque o ciclo da vida não pode parar nunca. Porém, sempre encontramos qualquer desculpa para justificar nosso desleixo perante a vida ("requer muito esforço", "não tenho tempo", "não é tão importante" etc.). Ela é uma energia valiosíssima que pulsa e não pode ficar estagnada: é como deixar uma joia preciosíssima sempre guardada.

Se você não toma posse de seu querer, em nome dessa preguiça de alma, e não pretende movimentar-se, essa energia fica livre para qualquer um fazer uso dela. Inconscientemente, isso acontece com seu consentimento. São guardiões espirituais que, por meio de quem estiver mais próximo de você, tomam conta desse "tesouro", fazendo dele o que bem entendem, independentemente de sua vontade, até que você decida apropriar-se dele novamente e pedi-lo volta.

Terá um companheiro que irá carregá-lo para onde quiser, o que pode fazê-lo feliz durante algum tempo, afinal, alguém está fazendo algo por você. Mas, um belo dia, vai querer seu livre-arbítrio de novo, então precisará pedi-lo de volta. Mas ele pode ter gostado tanto dele que poderá recusar-se a devolvê-lo. Ele não o roubou, você deixou, deu permissão, contudo é seu direito ir lá e resgatar. Os laços de dependência são criados assim, mas muita gente os confunde com amor.

Imagine que, durante um bom tempo, alguém abriu mão de si e viveu intensamente no outro, realizando todas as vontades dessa pessoa, sem perceber quais eram as suas. Enquanto um se abastece do outro, inconscientemente essa relação é sentida como plena e satisfatória, pois costuma-se atribuir essa devoção simbiótica ao amor.

Chegará um momento que um dos dois poderá sentir falta de si na relação; se os dois sentirem ao mesmo tempo, será perfeito e a transição muito mais fácil. Porém não vejo isso suceder entre os casais. Normalmente um desperta desse sonho encantado antes e procura conduzir o outro a despertar também.

Quem despertar primeiro, trará vários sentimentos de desconforto na relação, tenderá a culpar o outro, sentir-se-á infeliz, sem amor, desrespeitado, abusado em seus ideais mais nobres, até perceber que se misturou com o outro, a ponto de perder-se completamente de si. Então terá um trabalho imenso para resgatar quem realmente é, perceber quais são seus talentos potenciais e enxergar o outro, com quem se relaciona, do jeito que verdadeiramente é. Dessa forma será possível emergir o verdadeiro amor.

É duro perceber que ficamos tanto tempo sem realizar o essencial, aprisionados em uma preguiça de alma, acarretando espiritualmente a morte do eu. Atenção: sem o seu eu, a pessoa está à mercê de qualquer força que se aproxima, é uma casa sem dono.

Uma casa sem dono, espiritualmente, emite uma mensagem ao Universo, de que há um espaço abandonado a ser habitado. E já que não existe milímetro algum no cosmos, sem energia presente, automaticamente essa casa ganha novos moradores.

Compreendo o quão desagradável deva ser despertar de um sono profundo e se perceber em meio a moradores desconhecidos em sua própria casa. É coerente que, nesse momento, a reação primária seja esbravejar e expulsar essa massa inoportuna. Mas espere um minuto, quem foi mesmo que abandonou primeiro a casa e foi por preguiça?

É difícil e dolorido aceitar que a responsabilidade é inteiramente sua e que agiu assim por preguiça. Mas há uma solução para alterar esse quadro: terá de ampliar a sua percepção e olhar essas forças espirituais de teores vibracionais diferentes como suas aliadas, pois elas aderiram ali, na intenção de tomar conta enquanto você dormia. O reconhecimento disso o fará, num ato de total amor, agradecer pelo serviço realizado e, na sequência, comprometer-se a assumir sua própria casa como verdadeiro dono, estabelecendo assim um novo compromisso a ser honrado.

Diante de sua palavra, esforço, determinação e sincera gratidão, essas forças retiram-se do local, procurando outra casa sem dono. E então é possível concretizar sua mais recente proposta: cuidar do que é seu.

Porém, em caso de reincidência, ou seja, em caso de novo abandono, essas energias possivelmente voltarão com maior força, mas já sabem que você será perfeitamente capaz de tomar conta novamente. Simplesmente escolheu não fazê-lo, por ceder mais uma vez ao pecado da preguiça.

O Evangelho de Mateus, alegoricamente, adverte sobre a atitude de abandonar a casa e o retorno a ela, fazendo-nos refletir: "E, quando o espírito imundo tem saído do homem, anda por lugares áridos, buscando repouso, e não o encontra. Então diz: Voltarei para a minha casa, donde saí. E voltando, acha-a desocupada. Então vai e leva consigo outros sete espíritos piores do que ele, e, entrando, habitam ali; e são os últimos atos desse homem piores do que os primeiros. Assim também acontecerá à geração má." (Mateus 12: 43).

Ira: a medida errada

Uma pessoa dominada pela raiva tem o impulso de atacar e, de forma tirânica, comandar o outro. Se não consegue, começa a subjugar-se, a reprimir-se, quando a atitude correta seria perguntar-se: Por que estou com tanta raiva? O que me faz sentir assim? A resposta é simples: Porque sente-se muito superior ou inferior a algo ou alguém. Sua compreensão do todo fica confusa, e sua autopercepção abalada. Se sabe exatamente qual é seu tamanho, o que pode ou não, e aceita isso, nunca será acometido por esse pecado.

Quando alguém lhe diz algo de que não gostou, imediatamente responde: "Como você pode falar comigo dessa maneira?", "Quem pensa que é?", tamanha é a raiva e desejo de que a outra pessoa se rebaixe. Num outro extremo, você poderá colocar-se na condição de inferioridade – nunca na de igualdade –, não conseguindo enxergar o outro e nem você mesmo, e continuará infringindo a lei do reconhecimento por conta da raiva.

A ira é pecado capital porque faz-nos sentir onipotentes. Colocamo-nos no lugar de Deus, que é o único que sabe e pode sobre tudo e sobre todos. Atuar movido por esse sentimento significa perder a noção de nosso real valor, passando a agir de maneira a deixar o outro inferiorizado, isso para não exacerbar a própria fragilidade, pois, quem grita, grita para demonstrar que não é fraco.

Devemos aceitar nossa impotência. Podemos muito, mas nem tudo, e a ira faz com que percamos a noção de nossas limitações. Quando bem trabalhada, estimula a confrontarmo-nos com quem realmente somos, nem mais nem menos. Ou seja: a aceitação de nossas reais possibilidades auxilia-nos a lidar com essa descoberta.

Jesus já nos dizia: "Irai-vos, mas não pequeis". Ou seja, a lei até suporta que você se envolva com essa emoção, porque em algumas situações não conseguirá ficar totalmente isento, mas não pode permitir que ela atue sobre você. Tirar esse sentimento do íntimo é muito difícil, mas agir movido por ele é uma transgressão à lei.

Lembre-se: ao atuar puramente sob efeito da ira, essa emoção é ampliada no cosmos e volta ao campo astral da Terra, potencializada. E alguém que talvez você nunca tenha visto, mas que esteja com o campo energético tomado pela ira, poderá atrair essa energia incrementada e cometer grandes atrocidades no planeta.

Para não ceder ao pecado da ira, é fundamental saber exatamente quem somos e qual é o nosso papel no mundo, para conseguirmos o perfeito alinhamento com nossa essência e com nosso amor próprio. Assim, nunca acharemos que somos melhores ou piores que ninguém.

Atuar sob raiva significa perder a noção de seu real valor, agir de maneira a deixar o outro inferiorizado para não exacerbar seu próprio sentimento de inferioridade em relação a alguma situação. Eu grito para demonstrar que não sou fraco.

Quando Jesus nos disse para amarmos a Deus sobre todas as coisas, que Ele está em toda parte e também dentro de nós, estava pedindo para nos aceitarmos do jeito que somos. Essa é a primeira e grande lei que deve ser respeitada.

Inveja: invasão fora da lei

Sentir inveja é desejar aquilo que o outro tem, querer tirar o que é dele e desrespeitar o que ele conquistou. Em Seus Mandamentos, Jesus já falava desse pecado quando nos pedia para não cobiçarmos a mulher do próximo, ou seja, não ambicionássemos nada que fosse do outro. Mas não só ambicionamos, como também agimos de outras formas, motivados por esse sentimento, e assim passamos a denegrir a imagem do próximo, adulteramos informações, mentimos e roubamos.

Quando alguém tem inveja, ocorre uma invasão. Então sente que outras energias o estão adentrando. Da mesma forma, se quer algo que não é seu, atrai uma energia externa, que não lhe pertence. Provoca o mal para si e para os outros. Não conquista nada e também não quer que outros conquistem.

A energia da inveja do outro só nos atinge porque também a sentimos com relação a outras pessoas. Ou seja, abrimos o canal de invasão e de troca da emoção destrutiva. A lei já prevê que o que fizermos ao outro poderá ser feito a nós.

É diferente da inveja positiva, que é de admiração, aquela que faz espelharmo-nos no outro para crescer e correr atrás do que queremos. Com nosso trabalho e esforço, conquistamos o almejado, nutrindo, assim, um sentimento de gratidão por quem nos fez enxergar nosso próprio caminho.

Vaidade: visão limitada

A grande motivação do vaidoso é o reconhecimento. Ele está sempre agindo para receber aplausos, para sentir-se vangloriado. Não consegue enxergar ninguém, somente ele mesmo. Começa, então, a sentir-se melhor do que o outro, achando que todas as situações giram ao seu redor, que as coisas acontecem por sua causa, e não pelo fato em si, nem pelo que venha a fazer. Coloca-se no lugar de Deus, ou seja, quer estar num patamar que não é seu. O sol nasce todos os dias, independentemente do que fazemos.

Algumas pessoas só reconhecem o que fazem quando os outros dizem, pois não têm noção clara de si mesmas, seu ego precisa estar refletido no espelho do outro. Mas Jesus já nos alertava: "Cuidado que não pratiqueis a vossas boas obras para serem vistas pelo povo".

Há uma hierarquia das forças universais que não é respeitada por quem está nesse pecado, porque se coloca no topo, acreditando que lá é o melhor lugar, mas sem ter condições de estar nele. Quando se diz inferior, ainda assim é vaidoso, porque desempenha o papel de vítima, de falso humilde. Na verdade, sempre está acima do outro, nunca ao lado.

Quando sofre uma retaliação espiritual, seu orgulho enfraquece e o ego decai. Entra em real (mas necessário) sofrimento, percebe que as coisas independem dele. Padece tanto que tem a impressão de que vai morrer: essa é a morte do ego, e é muito dolorosa. Para não se tornar um depressivo, poderá crescer, transformando tal energia em algo bom, positivo.

Um bom exemplo disso é a experiência do rico empresário, que ficou a vida inteira trabalhando para o crescimento de um negócio, que acabou transformando-se num grande patrimônio, e agora tem de passar o comando adiante. Nesse momento, então, descobre, de forma dolorosa, que tudo pode prosseguir sem ele e que isso extrapola seu controle. Diante disso, reconhece seu real tamanho, entende que as coisas avançam sem ele, e que é apenas uma pequenina parte de um movimento maior.

A lei relacionada à vaidade ensina que há uma organização, e precisamos saber, exatamente, qual é nosso papel, em que momento e nível estamos. Somos semelhantes e, ao mesmo tempo, diferentes. Como na casa do Pai existem várias moradas, diz a parábola, cada um de nós tem a sua, assim como teias e ligações. Isso deve estar sempre claro para que nunca nos sintamos nem mais nem menos importantes que ninguém.

O pecado da vaidade está muito próximo ao da luxúria. Quem os comete só se importa com o belo, o exuberante e o externo. Não está preocupado em olhar para o seu mundo interior. Porém, o que a lei nos ensina é que o externo deve estar a serviço da construção de nosso interno, e não o contrário. O piano é só um instrumento, mas o que importa é o que o pianista faz com ele. E isso depende do tipo de construção, da arte, da manifestação do espírito de quem executa a música.

Gula: desequilíbrio energético

O alimento é responsável por transmitir a energia de saúde e equilíbrio. Mas há gente que não entende essa lógica e vive em função da comida, colocando no corpo mais do que precisa. Jesus já nos dizia que nem só de pão viveria o homem. Mas ainda prevalece a ânsia descontrolada de se pegar algo a mais, de trazer para si um "poder" que vai além das reais necessidades. A lei relativa a esse pecado alerta-nos sobre o desperdício e a ganância desmedida.

A grande maioria dos homens por muito tempo achou que haveria eterna abundância de recursos naturais no planeta, mas hoje já se sabe que isso não é verdade, que de uma hora para outra tudo poderá acabar e que todos nós sofreremos as consequências. Há um reservatório que possui um tanto de energia cósmica a ser usada por todos nós. O desperdício dela chega até nós como: doenças, dificuldades e sofrimentos.

Comer, beber ou gastar qualquer outro recurso, mais do que é preciso, significa absorver da Terra mais do que ela pode dar. Qualquer tipo de energia jogada fora tem um peso espiritual enorme, porque as leis universais visam ao equilíbrio do todo cósmico. Nesse caso, não veem o ser humano de forma isolada.

A lei espiritual, por trás do pecado da gula, fala do orar e jejuar, de vencer os instintos. O nosso Eu se conecta com o Eu divino, quando conseguimos superá-los. São rituais presentes em todas as religiões, importantes porque trazem a força de nossa vontade. Ensinam-nos sobre a necessidade de dominarmos o corpo, abrindo espaço para a força superior de nossa mente e promovendo a conexão com Deus por meio de nossa individualidade de nosso querer.

Quando dominamos nossos instintos pela disciplina e sem punição, emitimos uma ordem de respeito ao cosmos. Diante disso, criamos um canal mais puro para a espiritualidade materializar a essência divina.

Sentir um vazio estomacal durante o jejum ensina-nos a importância da presença, da atenção no momento, e exige a suspensão dos desejos. É assim que nos conectamos com Deus, usando a força de nosso espírito para dominarmos nossos instintos. As pessoas que estão no pecado da gula, normalmente quando comem muito, podem ficar entorpecidas, então não conseguem dar vazão à energia criadora. Para dominar a gula, é necessário a força do querer. O nosso espírito tem o poder de espiritualizar a matéria.

Luxúria: prazer pelo prazer

Quem comete o pecado da luxúria visa meramente à satisfação dos prazeres materiais e, sobretudo, carnais, dando valor apenas à estética, às posses e ao consumo desenfreado. São aquelas pessoas que querem ser jovens e atraentes para sempre e vivem em função disso, perdendo o contato com sua própria essência. Dificilmente percebem o belo da singeleza da natureza.

Profanam o valor sagrado do sexo, usam-no a serviço do ego, num jogo de poder e dominação, em que seus parceiros são tratados como simples objetos. Não conseguem compreender que a união do feminino com o masculino tem o poder do novo, o mesmo poder de Deus, e também é um canal de comunhão e ascensão a Ele. Por meio do pecado da luxúria, mais uma vez o ser humano promove a ruptura com o reino de Deus. Abre canais para a divisão em detrimento da unicidade. Rapidamente auxilia a consolidação de teias de dependência e de invasões energéticas, contaminando o que é mais sagrado na Terra – o corpo humano.

Avareza: entre dois mundos

O avarento também separa o mundo material do espiritual, e só dá valor ao primeiro. Assim como quem está na luxúria, cria uma cisão entre o sagrado e o profano, uma divisão que não existe, pois tudo o que há no universo pertence a Deus. Tudo é divino, inclusive a matéria, que é parte importante da vida. Mas, para quem comete esse pecado, o dinheiro não está a serviço de algo maior; ele é o próprio Deus, assim como o poder.

Na parábola do administrador infiel, disse Jesus aos discípulos: "Havia um homem rico, que tinha um administrador e esse lhe foi denunciado como esbanjador dos seus bens. Chamou-o e perguntou--lhe: Que é isso que ouço dizer de ti? Dá conta da tua administração; pois já não pode mais ser meu administrador. Disse o administrador consigo: Que hei de fazer, já que o meu amo me tira a administração? Não tenho forças para cavar; de mendigar tenho vergonha. Eu sei o que hei de fazer para que, quando for despedido do meu emprego, me recebam em suas casas. Tendo chamado cada um dos devedores do seu amo, perguntou ao primeiro: Quanto deves ao meu amo? Respondeu ele: Cem cados de azeite. Disse então: Toma a tua conta, senta-te depressa e escreve cinquenta. Depois perguntou a outro: E tu, quanto deves? Respondeu ele: Cem coros de trigo. Disse-lhe: Toma a tua conta e escreve oitenta. E o amo louvou o administrador iníquo, por haver procedido sabiamente; porque os filhos deste mundo são mais sábios para com a sua geração do que os filhos da luz. E eu vos digo: Granjeai amigos com as riquezas das iniquidades, para que, quando estas vos faltarem, vos recebam eles nos tabernáculos eternos. Quem é fiel no pouco, também é fiel no muito; e quem é injusto no pouco, também é injusto no muito. Se, pois, não fostes fiéis nas riquezas injustas, quem vos confiará as verdadeiras? E se não fostes fiéis no alheio, quem vos dará o que é vosso? Nenhum servo pode servir a dois senhores; porque ou há de aborrecer a um e amar a outro, ou há de unir-se a um e des-prezar ao outro. Não podeis servir a Deus e às riquezas."

Isso quer dizer não separar o reino de Deus em dois, nem perder a unicidade – as riquezas também fazem parte de Seu reino. Mas o avarento fica apenas no poder, faz da riqueza o seu deus, o dinheiro está em seu altar.

A energia mais materializada que temos na Terra é o dinheiro; a avareza fere a lei da prosperidade, que está disponível no cosmos para qualquer pessoa acessar.

Tentações de Cristo no deserto

Na passagem de Jesus pelo deserto, todas as tentações pelas quais passou foram calcadas nos pecados capitais. Cristo estava há muito tempo sem comer e o demônio foi provocá-lo: "Se você está com tanta fome e é o Todo-Poderoso, transforme esta pedra em pão". Ao que Ele respondeu: "Nem só de pão viverá o homem".

Jesus conhecia as necessidades da alma humana e sabia que não precisava apenas da matéria. Ainda assim, o demônio usou o pecado da gula para tentá-Lo, mas a força da vontade de Jesus venceu Seus instintos. Essa foi a primeira tentação.

O pecado da preguiça também está subentendido no desafio de transformar a pedra em pão, para o qual Jesus não precisaria fazer nenhum esforço, seria como um passe de mágica, que é exatamente o oposto do que Ele espera de nós.

A segunda tentação aconteceu quando o diabo (que nada mais é do que a personificação do mal que mora em nós) colocou Jesus diante de todos os reinos da Terra e disse: "Dar-te-ei toda a autoridade e glória destes reinos se tu me adorares". E Jesus respondeu: "Ao Senhor teu Deus apenas adorarás", o que reforça o primeiro mandamento de Moisés.

O demônio queria seduzir Cristo pelo pecado da avareza e da vaidade, que são os pecados que criam a polaridade entre o bem e o mal, colocando as riquezas como senhoras de tudo, capazes de dar poder a quem as detém. O mal tentou separar as coisas materiais das espirituais, tentando negar que existe uma única força divina, inclusive na matéria.

Quando o diabo falou a Jesus: "Lança-te daqui para baixo que o Senhor teu Deus irá te proteger; você é forte, todos estão com você", referiu-se ao pecado da ira, da petulância do homem de sentir-se mais do que é, de achar que é Deus, que está acima de tudo. Mas Jesus respondeu: "Não tentarás o Senhor teu Deus", ou seja, não tente infringir as leis, querendo ser mais forte que elas.

É inútil colocar Deus em prova. Ele não tem que provar nada, pois está presente nas mínimas coisas. Sua verdade já foi demonstrada e suas leis que governam o cosmos são como são, não podem ser mudadas. Quando sentimos necessidade de questionar, é porque esse princípio ainda não está integrado em nós.

Vencer essas tentações continua sendo o grande desafio do homem, pois ainda há algo demoníaco que habita nele. Se abrir uma brecha, o mal entrará nele, por meio de suas fraquezas de alma, e fará dele o que bem entender.

E se tivesse sido diferente?

Você consegue imaginar o que teria acontecido se Jesus sucumbisse às tentações do demônio? Você não estaria lendo este livro, buscando entender as mensagens que nos deixou. Ele teria escapado da cruz e conseguido todas as glórias, mas Sua vida teria acabado ali, como tantas outras daquela época, sem nenhum significado maior para o mundo. Mas Jesus enfrentou as tentações, trazendo toda sua intencionalidade de vida.

Ele não saiu do fluxo, nem perdeu a clareza de sua intenção, do que tinha de primordial, do motivo pelo qual estava no deserto, da razão de sua vida, de quais eram seus ideais mais nobres, do porquê de ter passado por tudo aquilo e de qual era seu movimento de alma.

Quando agimos de acordo com nossa intencionalidade, geramos o movimento e o crescimento de nossa própria alma, que acontece num caminho que é só nosso. Apenas por meio dele podemos ascender. Jesus nos fez conhecer as intenções implícitas em Sua jornada.

Ele foi para o calvário em nome de um sacro-ofício – um ofício sagrado para sua ascensão –, transcendendo da matéria para a alma, desvinculando-Se definitivamente das teias terrenas e adentrando na Sua glória. Seu legado foi um caminho de ascensão, não de punição. Seu semblante sereno demonstrou que estava deixando para trás todo Seu carma terreno.

Nós, seres humanos, ainda nos deixamos vencer por essas tentações e caprichos terrenos. Esquecemos nossa intencionalidade, propósito de vida e eternidade de nosso espírito. Nascemos, crescemos, estudamos, trabalhamos, ganhamos dinheiro, conseguimos amealhar vários bens e chegamos a um determinado patamar de nossa existência: O que é importante? Mas para quê? Em nome de quê? Você já se perguntou isso?

Quando não há resposta, nasce então um enorme vazio, e é como se realmente vendêssemos a alma ao demônio. As tentações nos fazem acreditar que teremos bem-estar, alegria, paz, felicidade, mas, pelo contrário, só nos trazem desilusão. Quem se deixa levar por isso, aprisiona-se demais a um trabalho, aos bens materiais, às situações ou aos outros. Não quer fazer esforço, cria relações de dependência, deseja o que não é seu e não cativa nada. Não chega a lugar nenhum, e a liberdade tão almejada acaba perdendo-se por aí.

Em troca, o demônio, esse mal que mora em nós, dá vazão às fraquezas e dificuldades de nossa alma. Ele quer que vivamos no pecado da dualidade, que façamos nossos pedidos de riqueza, poder, luxúria etc., assim como fez com Jesus. Assim nos sentiremos poderosos, mas por outro lado, nos afastaremos do Todo, não estaremos na unicidade.

O aprendizado

Todos nós precisamos e merecemos crescer livremente. O mundo clama pelo despertar espiritual de milhões de consciências, que pode acontecer pela manifestação humana da compaixão ou pela atenção às necessidades do outro. Pensar e agir de uma maneira nova, respeitar mais o próximo, não enxergar diferenças, ter uma atitude mais ética perante a vida são práticas essenciais para que a inteligência divina permeie a humana.

É hora da humanidade sair da adolescência espiritual para acreditar que Deus não é o causador dos males e desastres. Como Grande Pai, apenas permite o sofrimento para que possamos enxergar nossos erros e aprender com eles. Precisamos entender, definitivamente, que todas as reações de ações promovidas pelo homem têm uma lógica divina por trás e fazem parte da perfeita organização cósmica. Não cai nenhuma folha de uma árvore, sem que Deus assim queira.

Que você siga os conselhos de Jesus quando ele pede: "Orai e vigiai para não cair em vossas tentações", e também busque seu auto-conhecimento, percebendo assim suas fragilidades e entendendo com quais pecados capitais você se conecta. Poderá até tropeçar, mas logo fará uma reavaliação e retornará, sem resvalar nem entrar em nenhum buraco de sua alma. É assim que se fortalecerá diante de todas as situações da vida, tornando-se um ser humano melhor a cada dia.

Se quer um mundo melhor, comece por você. Pare de achar que as pessoas precisam ser diferentes, de esperar que mudem só para você não precisar se mexer. Faça você algo para sair de seus pecados e ore para que tenha força e lucidez para não atuar sob o poder deles.

Quando está em sofrimento, é comum viver uma espécie de cegueira, não enxergando o que há de errado com você ou não se aceitando, ainda que receba ajuda de um mentor ou de um profissional; apenas entenderá sua dor quando entrar em contato com sua alma, seus anseios e suas falhas. É necessário rever sua conduta ética e espiritual, buscar clareza quanto ao pecado que está cometendo, ou à lei universal que continua infringindo. Em seguida, por meio de seu livre-arbítrio, poderá escolher de que forma caminhar para fazer seu novo processo de transformação, fechando a porta à transgressão.

Esse processo virá repleto de muita dor, porque antes disso você não tinha consciência do que estava fazendo. Quem for apoiá-lo nesse trabalho, deverá saber trabalhar sua alma, andando junto com você, lucidamente, até seus primeiros novos passos. Assim, aprenderá a lidar com os novos dutos de energia que irão se abrindo. Os recursos técnicos e espirituais ajudarão a fechar os portais que você mesmo abriu, na direção oposta daquilo que deseja e precisa.

Capítulo 7

Os Mandamentos
O fundamento das leis universais

Os Dez Mandamentos de Deus são as leis espirituais em sua essência e têm por princípio o respeito a toda e qualquer forma de vida. Quando os seguimos, passamos a nos respeitar, assim como aos outros, a todas as coisas do universo e a Deus, mas nem sempre conseguimos respeitá-los e trazê-los para nossa realidade. Por isso, vamos procurar entender alguns deles um pouco mais, debruçando-nos sobre as mensagens que estão em suas entrelinhas.

Os mais importantes

Todos os mandamentos estão implícitos nos dois principais: "Amar a Deus sobre todas as coisas" e "Amar ao próximo como a ti mesmo". Eles reúnem toda a essência das leis universais, mostram-nos que Deus é toda essa unicidade e força única que governa o mundo, e também que não existem outros deuses.

Amar ao próximo como a nós mesmos é mais do que mandamento, é o que naturalmente fazemos: só amamos o outro na medida que nos amamos. E, quando nos amamos, amamos também a Deus. Está intrínseco que nos amarmos, amarmos ao próximo e a Deus é uma única força que deve ser respeitada, que traz o homem para a unicidade com a humanidade e com o Criador. Também nos remete a não adorar santos e demônios, nem ninguém que esteja à nossa volta, por mais intenso que seja esse amor. Não confundir idolatria (vínculo de dependência que cria ruptura com nosso Criador) com admiração e respeito por alguém especial.

Se Ele está em tudo, uma vez que O amamos, estamos conectados a esse Todo. Não havendo distinção entre nós, os outros e Deus, amaremos a nós como a Ele e ao próximo. É tudo um único poder, uma única inteligência. O mandamento "Não tomarás em vão o nome do Senhor teu Deus" reforça ainda o mais importante, porque nos pede para não profanar, não desonrar a lei, não lesionar esse todo.

Lembra-te do dia de sábado para santificá-lo

Esse mandamento clama pelo respeito aos limites físicos, saber o que podemos ou não fazer. Todos os dias são igualmente sagrados, não só o sábado. Mas o que Deus quer nos dizer é que os momentos de lazer são tão importantes como os de trabalho, que precisamos descansar nosso corpo físico, mental e espiritual. Existem pessoas que trabalham demais e só se distraem se sobrar tempo, outras ficam só no ócio. Ambas estão infringindo as leis.

Em uma de suas passagens, algumas pessoas vieram perguntar a Jesus por que estava trabalhando no sábado. Então Ele respondeu: "Meu pai trabalha, eu também trabalho". Ele quis dizer que, naquele momento, estava bem e podia fazer aquilo que estava fazendo.

O problema não é o dia que você descansa, mas sim o seu limite físico. Se pode fazer naquele momento, faça. Se não pode ou sente que não pode, não faça. Tenha a consciência exata do que você é capaz, de seus limites. Ao respeitar o trabalho, o lazer, a hora de dormir, a hora de comer, o quanto comer etc., automaticamente está respeitando você e as leis cósmicas, então suas ações são santificadas.

Honra teu pai e tua mãe

Esse mandamento diz respeito às nossas origens espirituais, à ancestralidade e à matriz divina de onde viemos. Muita gente acha que ela só se refere à honra e à obediência, ao pai e à mãe, mas vai além.

Quando você conhece as características de seus familiares, as dificuldades pelas quais já passaram e o que fizeram na vida, não só passa a respeitá-los mais fortemente, como também entende melhor o que deles existe em você.

Na Bíblia, existem vários relatos sobre pragas, tentações ou bênçãos que nos acompanham em muitas gerações. Há um fluxo de energia que nos antecede e nos sucederá após nossa existência. É importante descobrirmos a força de nossa herança familiar, pois assim poderemos dedicar respeito a ela. A partir dessa honra à origem, estaremos ainda mais em contato conosco e com o Todo.

A certeza de que há algo que nos antecedeu e algo que ainda virá nos conecta com o fluxo sagrado da vida, despertando o amor e o respeito ao próximo, avaliando e redirecionando as ações que repercutem além de nós.

Não matarás

Esse mandamento não é direcionado apenas àquele que empunha uma arma e tira a vida de outro, até porque a vida não é essa apenas que pulsa em nosso corpo. Está também em nossas potencialidades, por exemplo. Não matar as nossas forças, talentos e características é uma importantíssima forma de preservação e apreço à vida.

Deus nos pede respeito à vida e à hierarquia universal, só Ele tem o direito de decidir sobre nossa existência e nossa morte. Não nos cabe aniquilar nada que venha Dele.

Não adulterarás e não darás falso testemunho contra o teu próximo

Não adulterar significa não modificar, não querer mudar, porque as leis e ordens divinas já existem e são assim, e esse mandamento pede que as respeitemos. Ele quer dizer: não transgredir, não confundir, não misturar uma coisa com a outra.

O mandamento que ordena a não dar falso testemunho também

nos lembra que a verdade prevalece, e ela é a própria existência da unicidade. Assim como os fatos são como são, a lei é como é. Além disso, é um alerta quanto ao poder da palavra, que, quando mal usada, pode gerar mentira e distorção.

Não furtarás e não cobiçarás a mulher do próximo

Assim como o pecado capital da inveja, esses mandamentos nos falam sobre o respeito ao que é do outro, ao seu trabalho, às suas conquistas e ao seu espaço. Não sinta inveja, não cobice ninguém, não deseje o que o outro tem, não queira entrar numa energia que não é sua. Apenas olhe essas vitórias com amor e consideração.

A essência dos ensinamentos

Jesus nos diz que os dois primeiros mandamentos reúnem os ensinamentos de todos outros e que não haverá outros como esses, neles está contido o âmago de tudo: "Eu sou o senhor teu Deus" e "Amarás ao próximo como a ti mesmo, de todo coração, de toda sua alma, de todo seu entendimento e com todas as suas forças". Aqui Ele está nos pedindo que vivamos a unicidade, que estejamos integrados ao Todo Universal.

Esses preceitos nos dão a certeza de que Deus está em toda a parte e também está em nós. Se você amá-Lo de toda sua alma, tudo será sagrado. Não podemos infringir as leis que governam o universo, porque são elas que preservam essa unicidade. Manter veneração por tudo o que contém vida significa estar dentro da lei e jamais criar a separação, responsável pelo sofrimento humano.

Se o mundo fosse assim, nossos atos não teriam nenhuma consequência negativa, pelo contrário, estaríamos vivendo a abundância da força sagrada do nosso Criador. Como ainda não compreendemos ou não conseguimos colocar tudo isso em prática, porque estamos em processo de desenvolvimento, acabamos pecando contra as leis.

Cuide de seu trabalho, seu lazer e seu físico. Respeite toda e qualquer forma de vida (Deus está em todas elas), compreenda que a conquista do outro é dele e deve ser preservada. Entenda que a verdade prevalece. Não roube nada de ninguém porque tudo é seu também. Não profane, nem crie divisão alguma entre o material e o não material. Tudo isso é parte de um todo.

Capítulo 8

Talento
O ingrediente que nos faz crescer

Todos nós nascemos com um ou mais talentos – qualidades, conhecimentos e habilidades que fomos adquirindo ao longo de nossas existências. Essas inteligências não caem do céu; são conquistas que acumulamos em função de nosso esforço, experiências e aprendizados.

Quando atuamos com eles, conseguimos lidar com nossas fragilidades, que ficam equilibradas, sendo possível enfrentarmos nossos principais desafios pessoais e espirituais. Vamos, assim, trabalhando plenamente a favor de nosso crescimento e alinhamento com as leis espirituais.

Fomos autorizados ao processo "encarnatório" e vivência terrena, apenas porque antes nos comprometemos a trazer para cá nossos talentos (nem sempre todos). Deixamos claro para a espiritualidade qual seria nossa contribuição, e ela analisou se determinado conhecimento seria útil ao planeta no período em que estaríamos aqui na Terra.

É como uma empresa que nos contrata pelo que já sabemos. Ela pode nos dar condições para desenvolvermos novas aptidões, porém aproveitá-las ou não é decisão nossa. Fatalmente os gestores nos cobrarão naquilo que já somos capazes de fazer e no que prometemos cumprir.

Como somos espíritos encarnados, isso significa que a grande corporação, que é a humanidade, precisa e aguarda que nossos conhecimentos sejam colocados em prática – o que pode transformar-se em missão. Espiritualmente, esse é o pagamento pela nossa "estadia" aqui na Terra.

A utilização dos talentos garante nossos meios de sobrevivência e obtenção de conquistas. Quando buscamos algo a mais, estamos atuando em nossa missão, na colaboração mais efetiva para o bem coletivo. Se a cumprirmos, sairemos quites com o Universo.

A parábola dos talentos retrata bem o quanto ser-nos-á cobrado por aquilo que podemos e devemos fazer; quem pode e não faz cria débitos. Colocar nossos talentos em prática é a própria fonte de prosperidade.

Ao servo que não multiplica os seus talentos, Jesus diz: "Tirai-lhe o talento que tem, porque quem tem receberá mais e em abundância, mas quem não tem perderá até aquilo que tem".

Quanto mais atualizamos a potencialidade de nossos talentos, mais recursos obtemos, e isso facilita a expansão do melhor de nossa alma, potencializando qualidades no universo.

Como no exemplo da empresa, quanto mais o funcionário vai desenvolvendo suas habilidades, mais recursos essa empresa direciona a ele, para que a expansão continue e todos possam crescer e se beneficiar.

Mas como identificar nossos talentos? Basta perguntar o que você consegue fazer melhor do que ninguém, com mais naturalidade e qualidade, sem grandes esforços, tendo o reconhecimento das pessoas. Temos dificuldade em descobri-los, justamente porque estão tão enraizados em nós que acabamos não enxergando.

Você se depara ainda mais intensamente com esses talentos quando os coloca em ação, percebendo que são potencialidades naturais tão próximas, mas que passam quase despercebidas. Depois que toma ciência de seus próprios talentos, fica fácil perceber o talento dos outros e o quanto o colocam ou não em prática, podendo auxiliá-los em sua caminhada, sem interferências concretas.

Assumir um talento é tomar posse de um tesouro em sua forma mais pura, de algo que antes, aparentemente, não tinha valor algum. Os talentos são colocados em prática como caráter da força produtiva de trabalho, cumprindo assim nossa negociação original com a espiritualidade.

E quando temos dificuldade em trazer nosso talento à Terra? O principal motivo é porque nos deixamos levar por outros caminhos, nos distraímos com situações e atividades para as quais a humanidade não nos "contratou". Ou seja, não estamos dispostos a exercer aquela função (nosso talento), queremos nos envolver em outros assuntos. O que é legítimo, na maioria das vezes, desde que consigamos também honrar nossa tarefa principal.

Sentimo-nos felizes e realizados quando nos percebemos em

equilíbrio. E a empresa cósmica contratante poderá admitir que o nosso contrato valeu a pena, pois a troca foi justa e produtiva. Pelo livre-arbítrio, podemos fazer o que quisermos de nosso processo "encarnatório", desde que devolvamos à Terra o que ela nos deu. Quando cumprimos nosso compromisso, entramos em perfeito equilíbrio com ela. Mas ainda há muita gente que não quer dar, só quer receber.

As pessoas prósperas trabalham seu talento original e atuam nos desafios de sua alma, desenvolvendo novos conhecimentos. "Entram de cabeça" em seus pontos fortes e procuram lidar com suas fragilidades. Esse é um padrão de comportamento que gera sentimento de plenitude, tornando as relações mais amistosas. Somos funcionários da Criação, movimentamos o Todo cósmico, por isso queremos ser úteis e corresponder à altura.

O caminho para desenvolvermos um novo talento é solitário, mas temos todos os recursos do universo à disposição para aprendermos novas aptidões que também poderão ser compartilhadas com a humanidade mais tarde. Essa é uma escolha que nos traz uma força material e espiritual muito grande. Um poder que consiste na completude e ampliação de nossas capacidades, no aproveitamento dos meios que a vida nos dá para crescer, nos fortalecer e nos tornar melhores a cada encarnação.

Quando o homem atinge a plenitude de seu autoconhecimento, sabe que ninguém pode prejudicá-lo ou obrigá-lo a perder o que ele é. Jesus disse: "Ao que tirar a sua capa, deixe-o levar também a sua túnica, porque tanto uma como a outra não fazem parte da sua essência".

Quem está em contato profundo consigo é livre de todas as tentações e apegos do ego, porque encontrou a paz e a irradia por toda a parte.

Capítulo 9

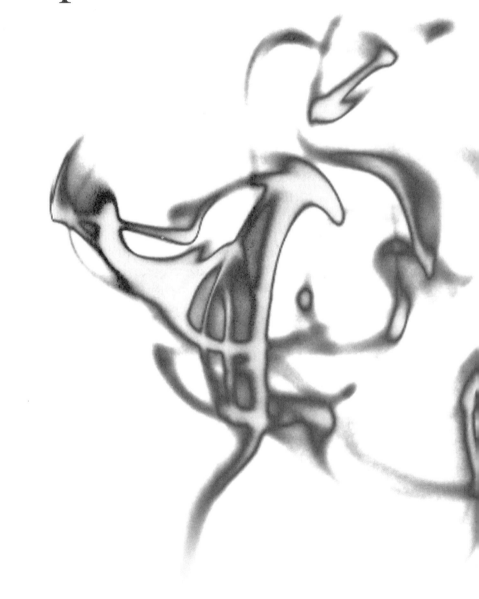

As Leis do Amor
A energia poderosa da criação

Disse o apóstolo Paulo:

"Ainda que eu falasse a língua dos homens e dos anjos, e não tivesse amor, seria como o metal que soa ou como o címbalo que retine. E ainda que tivesse o dom de profecia, e conhecesse todos os mistérios e toda a ciência, e ainda que tivesse toda fé, e não tivesse amor, nada seria" (1 Coríntios 13: 1-10).

Sem amor, nada somos. Podemos ter tudo, mas vivemos num estranho e profundo sentimento de vazio.

É por isso que as leis espirituais e os mandamentos de Deus estão alicerçados no amor, mas – por mais que os busquemos – ainda não conhecemos esse sentimento, não sabemos como amar e acabamos infringindo as leis espirituais, pois ainda estamos engatinhando no significado verdadeiro do amor.

É por isso que Deus tem complacência conosco em nossas infrações e limitações, porque sabe que somos aprendizes do amor e estamos aqui na Terra para aprender uns com os outros. Nessa matéria, ainda somos como crianças que não conseguem andar ou comer sozinhas.

O amor é um exercício, um constante aprendizado: ele ainda não está totalmente desenvolvido em nós. Deixamos de amar porque temos medo de errar ou de descobrir que não amamos e sabemos que estaríamos infringindo uma importante lei espiritual. Esse temor impede o movimento da vida, cega-nos, paralisa-nos, congela nossos talentos e dificulta nossa missão. Plantar a semente e viver no caminho dele é uma questão de escolha.

Se Deus, o Universo e nós somos o amor, de fato estamos mergulhados nessa energia, mas, paradoxalmente, não conseguimos senti-la. Preferimos viver tudo o que não é amor para descobrirmos o que é, passar pela sombra para se chegar à luz, mas a sombra é produto da luz.

É como na história do pontinho de luz que vive lá no céu, e ao seu redor tudo é luz também. Então ele pergunta a Deus: "Senhor, o que é luz?". E Ele responde: "Você é luz". Como não consegue perceber isso porque está totalmente imerso, Deus o manda à Terra para conhecer a dor e o sofrimento. Só então o pontinho passa a enxergar sua própria luz.

Nós temos a luz em potencial, e cabe a cada um torná-la visível. Agimos muitas vezes como bebês ou adolescentes rebeldes nesse processo de evolução espiritual – achamos que sabemos muito, mas não sabemos quase nada. Como vimos, existem pessoas que praticam coisas ruins e aparentemente estão sempre se dando bem. Outras andam no caminho correto, mas qualquer deslize seu traz uma consequência imediata e pesada. Isso explica por que as leis agem segundo os níveis de consciência e estágio evolutivo de cada um.

Paulo de Tarso diz: "Tudo me é permitido, mas nem tudo me convém". As leis universais são justas, fazem a discriminação de nosso nível evolutivo, conferindo uma consequência certa para cada ato nosso, exatamente na medida que podemos arcar com elas. Esse é o amor universal, que compreende nossas limitações e patamares evolutivos. Alguém que julga e critica é uma pessoa a quem falta amor, discernimento, sensibilidade para perceber as dificuldades do outro e também não conhece seus talentos, desafios e caminho.

Este é um exercício de amor que deve ser constante: colocar-nos no lugar do outro, pensar no que faríamos em seu lugar, considerando suas experiências e seu grau evolutivo. Só assim podemos desenvolver compaixão, sem atirar pedras, trilhando os primeiros passos no amor. Mas ainda erramos, não enxergamos que se fomos aceitos neste planeta, é porque temos desafios a vencer, e nossa contribuição a ser dada – se muita ou pouca – é uma questão relativa.

Propusemo-nos a aproveitar a experiência terrena para exercitar o amor. Só assim passamos a usufruir dos benefícios das leis universais, a sentir que estamos mergulhados nessa energia e a ter a certeza instintiva de que somos filhos da luz, mesmo que experimentemos o sabor amargo, para então descobrir o doce. Mas por onde começar?

Ao ver um amigo cometendo um erro, em vez de julgá-lo, apenas o deixa continuar, sabendo que num momento certo enxergará o que fez, mesmo que pelo sofrimento. Deixá-lo passar por tudo isso, sem aliviar o peso, é a maior prova de amor e aceitação que alguém pode ter.

É o que os pais fazem: tiram seus filhos de uma situação de dor em nome do pretenso amor, mas na verdade é porque não suportam vê-los sofrer. Por desespero, arrancam deles a oportunidade de aprenderem com a experiência. Influenciam os acontecimentos, porque não conseguem aceitar que eles, naturalmente, serão conduzidos para algo bom. Não permitem que cresçam, criam laços de dependência que são confundidos com amor, mas não compreendem que o amor é eternamente livre.

Os pais não amam incondicionalmente como Deus, que suporta nos ver em sofrimento, porque Ele sabe que, de qualquer forma, estamos no caminho do amor. Depois ficam indignados se os filhos agem com ingratidão. Lógico! Foram eles próprios que, por vezes, dificultaram a jornada, criando mil expectativas de como esse filho deveria ser, em vez de simplesmente aceitá-lo e ter fé de que o melhor viria no momento certo a eles e ao próprio filho. *Amar também é aceitar o outro como ele é.*

Compete aos pais criar um ambiente favorável ao desenvolvimento de seus filhos, transformando o círculo familiar num verdadeiro núcleo de amor e respeito às diferenças individuais, facilitando para que os talentos de todos transpareçam em sua plenitude e auxiliando-os a caminharem com as próprias pernas; enfim, presentes na vida dos filhos, de corpo e alma

A ajuda deve ser dada na exata medida, apenas quando nos é solicitada, só assim uma pessoa estará pronta para sair da dor. Qualquer movimento contrário significa lesar a trajetória de alma do outro, invadindo a possibilidade de que ele encontre seu próprio caminho.

Amar não é fazer tudo pelo outro, nem esperar que o outro e que Deus façam tudo por nós. Deus nos deu todas as condições para que exerçamos plenamente nosso livre-arbítrio e desenvolvamos nossos talentos, transformando trevas em luz, medo em amor, cegueira em lucidez.

O amor, assim como a matéria, é uma energia poderosa. Poderíamos considerar o amor a matéria-prima da Criação em seu estado absoluto. Ele é a própria ação e resultado que nutre as relações de:

compaixão, respeito, solidariedade, gentileza, generosidade, ativando, em cada ato, a substância criadora do universo, o éter divino que reside em todo ser humano.

Devido a várias experiências dolorosas que já passamos ao longo de nossa existência, congelamos essa substância e endurecemos nosso coração, formando verdadeiras couraças ásperas e rudes, expressões empobrecidas desse amor, e tornamo-nos insensíveis à dor humana.

Essa energia de amor precisa ser ativada em sua potencialidade, e isso também depende exclusivamente de nós. No entanto, necessitamos desconsiderar e superar versões equivocadas de amor que abastecem desilusões e frustrações. Como fazemos isso? Norteando nossa existência num impulso de fé e de coragem, pois isso nos impele a agirmos de forma mais amorosa e gentil, primeiramente conosco e depois com o outro. Assim exercitamos a máxima dos mandamentos: "amar ao próximo como a ti mesmo".

Assim, a grande força universal de amor – poderosa energia vibrante – encontrará receptáculos para entrar e se expandir na alma humana, e, dessa forma, o amor do homem comungará com o amor de Deus, tornando-se em nós a real materialização do mandamento "amar a Deus sobre todas as coisas".

Para despertar energeticamente em nós essa força, podemos fazer a seguinte mentalização:

Imagine que seu corpo é feito de partículas amorosas de luz, que são os fótons, revestindo todos seus órgãos, células, músculos. As veias são os rios de energia de amor fluindo por todo o seu corpo, o coração bombeia essas energias para cima e para baixo, num movimento veloz, irrigando todo o seu corpo com essa luz, até que você se sinta uma imensa bola de luz amorosa, imersa no cosmos que é repleto de energia de amor. Nesse momento, você é corpo e espírito vibrando na frequência máxima de amor, canalizando toda a força amorosa do cosmos, que se expande através de você, unindo-o a tudo e a todos. Assim, você se sente pertencente ao Todo Maior e à humanidade.

Essa é a experiência em que você vivencia a unicidade com o Criador e é impulsionado a agir nas leis do amor, nas quais não há separação entre você, o outro e Deus. Estamos todos interligados nesse manancial de energia, que se movimenta como ondas em seus pensamentos, sentimentos e ações, despertando a realidade espiritual da qual faz parte para compreender com o coração as leis de amor que regem o universo.

Inicialmente, por meio dessa vivência, passamos a ter atitudes amorosas de forma espontânea e alegre, e não por dever, pois é o amor que passa a comandar nossos atos naturalmente. Ele nos guia e nos ilumina, libertando-nos do medo de errar. Assim, tornamo-nos livres para expressar esse sentimento, confiantes na força de nosso querer, abastecendo-nos na essência do próprio amor e liberando o outro de qualquer retribuição.

O amor triunfa no ser que tem fé, esperança e pratica a caridade com compaixão por toda forma de vida, sabendo que é parte disso. Pois é dando que se recebe, é amando que se é amado. E é movimentando ondas de energia no ser que ondas de luz serão erguidas, reverberando por todo o cosmos, tocando o coração de Deus e o coração do homem. E, unidos, entoarão notas musicais na frequência vibracional do amor.

Benefícios das leis

Quando estamos no caminho do amor, mesmo que em exercício, somos levados à conexão com o Criador. As nossas vontades não são mais mesquinhas e egoístas, porque o resultado delas beneficiam o todo. Não vivemos mais isolados. As nossas vontades passam a ser também as de Deus: tudo o que fizermos será bom para nós e para toda a humanidade.

Essas nossas vontades são concretizadas quase que de imediato. Como em um filme, pensamos e rapidamente tudo acontece como num passe de mágica. Parece que estamos vivendo em um mundo encantado, e ele realmente é. Você pensa em adquirir um imóvel e, de repente, quando passa na rua, vê aquela casa com a placa de venda e é exatamente o que estava esperando.

Você começa caminhar em uníssono com o pensamento do Criador e a alinhar-se com o universo: tudo o que quer se realiza. Mesmo os erros não são ruins, por exemplo: você sai atrasado de casa, pega o caminho errado e algo de muito bom acontece por conta disso. Nesse momento, tem certeza de que era a mão de Deus abençoando. Então percebe-se envolvido numa energia poderosa e atina que foi conduzido por forças positivas que movimentam o mundo.

Nessa conexão, você não fica mais à mercê de heranças familiares, pode desligar-se delas, porque passa a compreender que sua família também é a humanidade. Não precisa mais das relações cármicas que o fizeram reencarnar num determinado núcleo.

Quando esses vínculos morrem, tudo fica mais fácil; você pede e logo é atendido. Não há mais o ranço de influências negativas de seus antepassados. Significa que conseguiu sair do veio da dominação, dependência e chantagem. Isso não "cola" mais em você, pois libertou--se, podendo escolher conscientemente as forças que quer atrair.

O mais importante de tudo, porém, é o sentimento de plenitude da alma, a apropriação da força que existe dentro de nós. Isso acontece quando estamos no caminho certo de nossa missão, exercendo nossos talentos e dando o melhor de nós, permeados pela energia do amor. Essa inteireza traz força, paz, felicidade e liberdade, condição alcançada com disciplina e esforço.

Se ainda não abraçamos todas as leis do amor com a totalidade de nossa alma, basta que estejamos no caminho e seremos beneficiados por essas forças. Podemos até sair dele em razão de nossas quedas, de altos e baixos. Mas se tivermos consciência de nossos desafios e nos desviarmos um pouco, voltaremos rapidamente para a nossa maravilhosa estrada, sem culpa nem raiva, mas com tolerância e aceitação.

Tudo parte de uma resolução, uma escolha, um caminho a ser seguido. Você resolve que quer viver de determinada forma e, mesmo caindo num buraco ou outro, endireita-se facilmente. Todos nós já passamos por situações em que nos sentimos plenos, em que tudo deu certo. E sabemos que isso acontece porque trabalhamos com nossos talentos em prol de nossos desafios, colocando o nosso melhor no mundo!

Alguém alcança a plenitude, a começar do momento que dá o seu melhor, querendo buscar mais. Existirão pedras no caminho, mas a forma como serão enfrentadas será muito melhor. "Meu caminho é leve e suave", disse Jesus. Mas precisamos passar por uma porta estreita, deixando do lado de fora todo o nosso ego e egoísmo, abrindo espaço para o altruísmo. Por essa porta só entra nossa essência divina. No momento que passarmos por ela, veremos que é incrivelmente generosa, plena e imensa.

Trata-se de um exercício constante que dependerá da escolha de cada um. Você é livre para ficar ou não com as capas do ego. No momento que as tirar, sentirá uma forte sensação de fraqueza e perda.

Mas essa dor só acontecerá nessa passagem, que é rápida, depois acabará. Logo em seguida, já envolvido pela energia do amor, sentirá a abundância do Criador.

Diante disso, a certeza: nada nos faltará. "Felizes os que choram, porque serão consolados", disse Jesus. Choramos sim, quando perdemos o ego, sentimos uma dor intensa, porém transitória.

Padecer a vida inteira não é um sofrimento mórbido, é apenas desapego. E essa dor momentânea existe porque desapegar do ego dói e requer fé. É semelhante à vivência do feto, que precisa desapegar-se da vida intrauterina, que até então o sustentou e o protegeu.

No momento do parto, o bebê sabe, instintivamente, que precisa sair, pois o útero já não está mais confortável, e, num impulso de fé, encontra forças e passa pelo canal estreito. Seus pulmões se abrem, o choro vem à tona, e ele adentra um mundo milhões de vezes maior que o próprio útero, um mundo com inúmeras possibilidades para crescer e se desenvolver.

O fim do começo

Para iniciarmos o caminho de ascensão espiritual de maneira consciente, já que estamos de uma forma ou de outra nele, é necessário desenvolver a tolerância e a aceitação do estágio evolutivo em que nos encontramos. Utilizando o nosso livre-arbítrio construtivamente, sabendo que ele é a maior ferramenta de que dispomos, poderemos escolher o que e quando queremos realizar algo.

Após a leitura deste livro, como de tantos outros, reflita no que mais tocou seu coração, pois isso poderá ser o impulso que norteará o seu próximo passo.

Não há uma fórmula pronta: cada pessoa faz uso dos recursos que a vida dá, de acordo com os seus conhecimentos adquiridos e necessidades atuais; portanto, não existe um único caminho, todos conduzem à total conexão e plenitude com o Criador.

Imaginemos que o objetivo de toda a humanidade fosse chegar a uma cidade específica. Cada pessoa, à sua maneira, iria criar um planejamento, verificaria seus recursos, definiria trajetos e prioridades e estipularia o tempo de chegada. Alguns poderiam colocar em seu roteiro grandes paradas. Outros procurariam caminhos rápidos e diretos, e outros tantos ainda, possivelmente, dariam uma enorme volta antes que tomassem o rumo em direção a tal cidade.

Em resumo, o essencial é que cada pessoa tenha claro em sua mente e em seu coração o objetivo a ser alcançado, para não perder o sentido de toda a viagem.

Dentro dessa visão, não cabe a ninguém julgar caminhos escolhidos e planejados. Somente você pode verificar se suas escolhas estão adequadas aos seus objetivos.

Para isso, lembre-se sempre de sentir seu coração, perceba se ele pulsa com alegria e amor em tudo o que faz. Veja se por onde passa tem a certeza de deixar o perfume que exala de suas ações. Ao encontrar alguém, observe se ganha um sorriso espontâneo, um aceno de boas-vindas, de até logo, de adeus. Isso demonstrará que está passando pela vida, como condutor, absorvendo em seu coração os aprendizados, sem se apegar a nada, mas exercendo sua liberdade e respeitando a do outro. Essa constatação o fará seguir sempre em frente.

E lembre-se: no cruzamento de vários caminhos, poderemos nos encontrar, mas a maior felicidade será ascendermos espiritualmente quando lá chegarmos.

Boa viagem a todos nós!

Maura de Albanesi

Sucessos de ZIBIA GASPARETTO

Romances mediúnicos, crônicas e livros. Mais de 16 milhões de exemplares vendidos. Há mais de 20 anos, Zibia Gasparetto vem se mantendo na lista dos mais vendidos, sendo reconhecida como uma das autoras nacionais que mais vendem livros.

Romances ditados pelo espírito Lucius

- A verdade de cada um
- A vida sabe o que faz
- Entre o amor e a guerra
- Esmeralda - nova edição
- Espinhos do tempo
- Laços eternos
- Nada é por acaso
- Ninguém é de ninguém
- O advogado de Deus
- O amanhã a Deus pertence
- O amor venceu
- O fio do destino
- O matuto
- O morro das ilusões
- Onde está Teresa?
- Pelas portas do coração - nova edição
- Quando a vida escolhe
- Quando chega a hora
- Quando é preciso voltar
- Se abrindo pra vida
- Sem medo de viver
- Somos todos inocentes
- Só o amor consegue
- Tudo tem seu preço
- Tudo valeu a pena
- Um amor de verdade
- Vencendo o passado

Crônicas Mediúnicas — Espíritos Diversos

- Voltas que a Vida Dá
- Pedaços do Cotidiano
- Contos do dia a dia

Crônicas ditadas pelo espírito Silveira Sampaio

- Pare de Sofrer
- O Mundo em que Eu Vivo
- Bate-papo com o Além
- O Repórter do Outro Mundo

Outros Livros de Zibia Gasparetto

- Conversando Contigo!
- Eles Continuam entre Nós
- Reflexões Diárias
- Pensamentos (com outros autores)

Sucessos de
SILVANA GASPARETTO

Obras de autoconhecimento voltada para o universo infantil. Textos que ajudam as crianças a aprenderem a identificar seus sentimentos mais profundos, tais como: tristeza, raiva, frustração, limitação, decepção, euforia etc., e naturalmente auxiliam no seu processo de autoestima positiva.

• Fada Consciência 1 e 2

Sucessos de
LUIZ GASPARETTO

Estes livros vão mudar sua vida! Dentro de uma visão espiritualista moderna, vão ensiná-lo a produzir um padrão de vida superior ao que você tem, atraindo prosperidade, paz interior e aprendendo, acima de tudo, como é fácil ser feliz.

• Afirme e faça acontecer
• Atitude
• Faça Dar Certo
• Prosperidade Profissional

• Conserto Para uma Alma Só (poesias metafísicas)
• Para Viver sem Sofrer
• Se Ligue em Você (adulto)

Série AMPLITUDE

• Você está Onde se Põe
• Você é seu Carro

• A Vida lhe Trata como Você se Trata
• A Coragem de se Ver

Livros ditados pelo espírito Calunga

• Um Dedinho de Prosa
• Tudo pelo Melhor

• Fique com a Luz
• Verdades do Espírito

Livros Infantis

• Se Ligue em Você – nº 1, 2, e 3

• A Vaidade da Lolita

LUIZ ANTONIO GASPARETTO EM CD

Autoajuda. Aprenda a lidar melhor com as suas emoções para conquistar um maior domínio interior.

Série PRONTO SOCORRO

1 – Confrontando o Desespero
2 – Confrontando as Grandes Perdas
3 – Confrontando a Depressão
4 – Confrontando o Fracasso
5 – Confrontando o Medo

6 – Confrontando a Solidão
7 – Confrontando as Críticas
8 – Confrontando a Ansiedade
9 – Confrontando a Vergonha
10 – Confrontando a Desilusão

Série VIAGEM INTERIOR (vols. 1, 2 e 3)

Exercícios de Meditação

Por meio de exercícios de meditação, mergulhe dentro de você e descubra a força de sua essência espiritual e da sabedoria. Experimente e verá como você pode desfrutar de saúde, paz e felicidade desde já.

Série CALUNGA

• Prece da Solução
• Chegou a sua Vez!
• Presença

• Tá Tudo Bão!
• Teu amigo

Série PALESTRAS

• Meu Amigo, o Dinheiro
• Seja Sempre o Vencedor
• Abrindo Caminhos
• Força Espiritual
• A Eternidade de Fato
• Prosperidade
• Conexão Espiritual
• S.O.S. Dinheiro
• Mediunidade
• O Sentido da Vida

• Os Homens (somente para mulheres)
• Paz Mental
• Romance Nota 10
• Segurança
• Sem Medo de Ter Poder
• Simples e Chique
• Sem Medo de Ser Feliz
• Sem Medo da Vida
• Sem Medo de Amar
• Sem Medo dos Outros

Série REALIZAÇÃO

Com uma abordagem voltada aos espiritualistas independentes, eis aqui um projeto de 16 CDs para você sintonizar-se com o Poder Espiritual para práticas espirituais de prosperidade.

Série VIDA AFETIVA

1 – Sexo e Espiritualidade
2 – Jogos Neuróticos a Dois
3 – O que Falta pra Dar Certo
4 – Paz a Dois

Série LUZES

Coletânea com oito CDs em dois volumes

Este é um projeto idealizado pelos espíritos desencarnados que formam no mundo astral o Grupo dos Mensageiros da Luz. Nesta coletânea, trazemos essas aulas, captadas ao vivo, para que você também possa se juntar às fileiras dos que sabem que o mundo precisa de mais luz.

Série ESPÍRITO

1 – Espírito do Trabalho
2 – Espírito do Dinheiro
3 – Espírito do Amor
4 – Espírito da Arte
5 – Espírito da Vida
6 – Espírito da Paz
7 – Espírito da Natureza
8 – Espírito da Juventude
9 – Espírito da Família
10 – Espírito do Sexo
11 – Espírito da Saúde
12 – Espírito da Beleza

LUIZ ANTONIO GASPARETTO EM MP3

- O Poder Espiritual Inteligente – 4 palestras
- Conexão Espiritual – 4 palestras
- Tudo Tem Seu Preço/Terminar é Recomeçar/A Lei do Fluxo – 3 palestras
- Eu e o Universo/Resgatando o meu Eu/Estou Onde me Pus – 3 palestras
- Se dando a vez/Sem drama/Regras do Amor inteligente/Deus em mim – 4 palestras
- Caminhando na Espiritualidade – curso em 04 aulas

LUIZ ANTONIO GASPARETTO EM DVD

- O Mundo em que Eu Vivo
- Pintura mediúnica – Narração de Zibia Gasparetto

Saiba mais

Nossos livros oferecem a você as chaves para abrir as portas do sucesso, em todas as fases da sua vida. Sobre nossos autores e lançamentos acesse: **www.vidaeconsciencia.com.br**

ESPAÇO VIDA & CONSCIÊNCIA

É um centro de cultura e desenvolvimento da espiritualidade independente. Acreditamos que temos muito a estudar para compreender de forma mais clara os mistérios da eternidade.

A Vida parece infinitamente sábia em nos dotar de inteligência para viver com felicidade, e essa me parece a única saída para o sofrimento humano.

Nosso espaço se dedica inteiramente ao conhecimento filosófico e experimental das Leis da Vida, principalmente aquelas que conduzem o nosso destino.

Acreditamos que somos realmente esta imensa força vital e eterna que anima a tudo, e não queremos ficar parados nos velhos padrões religiosos que pouco ou nada acrescentaram ao progresso da humanidade.

Assim, mudamos nossa atitude para uma posição mais cientificamente metodológica e resolvemos reinvestigar os velhos temas com uma nova cabeça.

O resultado é de fato surpreendente, ousado, instigador e prático.

É necessário querer estar à frente do seu tempo para possuí-lo.

Luiz Antonio Gasparetto

Mais informações:
Espaço Vida e Consciência – SP
Rua Salvador Simões, 444 – Ipiranga – São Paulo – SP
CEP 04276-000 – Tel./Fax: (11) 5063-2150

Rua Agostinho Gomes, 2.312 – SP
55 11 3577-3200

grafica@vidaeconsciencia.com.br
www.vidaeconsciencia.com.br